All-In-One
English Gift Box

All-In-One
English Gift Box

Stella Aisook Back

소설처럼 재미있게 읽는 도중에, 내 영어 실력도 쑥 쑥 UP!!

영어 핵심 표현패턴과 해외에서의 영어 회화와 글쓰기 실제,
이 모든 것들이 이 책 한 권으로 해결!

현 대기업과 글로벌
외국 기업체 직원분들이
적극 추천한 책!!

좋은땅

추 천 사

저는 '글로벌 제약회사'에서 일을 하고 있습니다. 조직이 변화하면서 직접 글로벌 팀과 이메일을 주고받는 일도 많아졌고 특히, 최근에는 코로나로 '화상회의 진행'이 더 활성화되면서 '영어로 회의'를 주도적으로 진행해야 하는 횟수도 늘었습니다.

선생님과 수업하면서 비지니스 상황에 따라서 활용할 수 있는 '고급진 유용한 팁'들을 많이 배웠는데, 이 책안에는 그런 내용들이 '총망라'되어 필요할 때 활용할 수 있을 것 같아요.

특히 비지니스 영어가 막막하신 분들께 반.드.시. 필요한 책이라고 생각합니다.

- 글로벌 화이자 제약회사 홍보팀 'MKT Elly'

이 책이 왜 지금에서야 나왔을까요? 저는 국내 기업에서만 줄곧 일해 왔고 학창 시절에도 영어 공부를 많이 하지 않아서 외국계 기업으로 이직한 후에 많은 어려움을 겪었습니다. 그러던 중 스텔라 쌤을 만나 공부하게 되면서 '업무에 필요한 어휘'부터 '메일 쓰기, 회화, 프리젠테이션'까지 모두 자연스럽게 익히게 되어 1년 만에 '승진'까지 하게 됐어요! 스텔라 쌤의 책으로 공부하시면 '좋은 결과'를 만드실 수 있다고 제가 장담합니다! 이 책이 미리 나왔더라면 전 더 빨리 승진을 하게 됐을 텐데! 이 책으로 스텔라 쌤을 더 많은 분들이 만나시길 바라요!

- Isagenix 글로벌 기업 마케팅부 '김은영 부장'

딱딱한 영어 교재가 아니라 '소설'처럼 쓰여져, 시간 가는 줄 모르고 읽었습니다. 읽다 보니 어느새, '일상 생활'에 '자연스럽게' 영어를 접목시켜 사용할 수 있었습니다.

또한 오랜 기간 다양한 비즈니스 영역에서 활동하는 직장인을 가르친 경험을 바탕으로, '실용적인 고급 영어'까지 커버하여, '영어 학습 바이블'로 두고두고 사용할 것 같습니다.

- LG Electronics 엘지전자 '류 책임'

Stella 선생님과의 수업을 하면서 그동안 늘 제자리 걷기하는 것 같았던 제 회화 실력이 확 달라지는 걸 느꼈습니다. 원어민들이 실제로 어떻게 이야기하는지, 단어와 동사가 상황에 따라 어떻게 쓰이는지 '꼼꼼하게' 짚어 주시는 점이 많은 도움이 되었습니다.

이 책은 선생님의 수업 '노하우'와 영어에 대한 '내공'이 고스란히 담겨 있는 책입니다. 독자의 관점에서 이해하기 쉽고 편하게 영어회화 공부를 할 수 있습니다. 과거 영어회화 공부를 시도하셨지만 뚜렷한 실력향상이 없으셨던 분 또는 영어회화가 지루한 학문으로 느껴지셨던 분들께 강.력. 추천드립니다.

- CJ 제일제당 '이현민 과장'

머 리 말

영어는 쉽다. 결국에는!

정말 그럴까요?

이 시대를 살아가는 많은 사람들이 영어공부에 어려움을 느끼고 있고, 또 그러면서도 영어를 잘하고 싶어 합니다.

영어공부 할 시간 내기가 어려워서, 아님 귀찮다거나, 아무리 시간을 투자해도 생각만큼 눈에 띄게 영어 실력이 늘지 않는다고 해서, 아예 영어와 담을 쌓고서 나만의 섬으로 들어가서 살 수만도 없죠.

이 책은 일반인과 학생, 직장인들이 평소에 현장에서 필수로 사용하시는 영어, 해외 여행과 출장 시에 각 상황에 바로 바로 쓰실 수 있는 현장 회화, 그리고 여기에다가, 여러 가지 다양한 영문 글쓰기(오픽, 영어 인터뷰 답변, 이메일, 추천서, 프리젠테이션) 등을 각 Chapter에서 종합으로 다루고 있고요.

마치, 영어선생님이 곁에서 친절히 얘기해 주듯이, 쉽고 전문적으로 써 내려 갔습니다. Chapter 내용들은 기본적인 표현, 어휘부터 중급 수준까지의 내용들로 구성되어 있어서요.

이 책 한 권만 마스터하셔도, 앞으로 얼마든지 자유롭게 영어를 사용하실 수 있으실 겁니다.

2005년, 외국대학이 요구하는 토플점수와 기초적인 영어회화 실력만을 가지고, 호주 멜버른행 비행기에 탑승했을 때가 떠오르네요.

멜버른의 모나시 대학에서 공부하던 시절, 매 강의마다 교수님들의 빠른 속도의 영어 강의를 듣고 이해해야 했고, 매 학기마다 영문 에세이 제출을 위해 정독해야만 했던, 산처럼 쌓인 영어 원서들과 세계 각 대학 전자도서관에서 다운받은 영문 기사와 논문들…… 대학 내와 모든 곳에서의 생활이 영어로만 가능했던 시절들…….

그 당시에는 영어 때문에 엄청난 스트레스를 받았었지만, 이제 15년이란 세월이 흐른 후 얻어 낸 결론은 '영어는 결국 쉽다'입니다!

영어 때문에 스트레스를 받지 않고, 시간을 정해서 차근차근 단어와 표현, 발음, 억양들을 익히며, 직접 현장에서 현지 외국인들과 다양한 문화와 생활 환경들을 접해 갔습니다.

또 빅토리아 주정부하 AMEB Grade Exam 담당 선생님으로서 일을 하면서, 다양한 직업을 가진 외국인들과 관계를 든든히 맺어 가게 됐고요. 그래서 느낀 건, '아! 결국 영어도 우리나라 말처럼 그 나라 사람들이 쓰는 일상 언어구나'라는 걸 깨닫게 되었어요.

이제, 영어에 쏟은 제 모든 노력과 시간들과 소중한 현장 경험들을 이 『All-In-One English Gift Box』 책과 함께, 여러 독자분들과 나눌 수 있게 되어서 참, 행복합니다.

2018년, 13년 만에 고국인 한국에 돌아와, 수도인 서울에서 영어 선생님으로서 우리 사회의 여러 분야의 기업, 현장, 회사에 계시는 제 학생 분들에게 영어 수업을 진행해 드리고 있는데요.

참고로 제 학생분들의 직업들을 살펴보면, 화이자 제약회사, BMW 코리아, 힐튼호텔 총 관리팀, 로레알 코리아, 씨티 은행과 같은 글로벌 회사들과 삼성, LG, 마켓 컬리, CJ 그룹 같은 대기업들, 그리고 무역회사, 업계 선두 스타트업 회사, IT회사, 학생, 프리랜서, 서초구 중견 공무원 등이 있었습니다.

이 학생분들에게 영어 수업을 진행해 드리면서 느낀 점은, 아무리 좋은 대학을 나오시고 영어 공인 시험 결과가 상위 레벨이신 분들도, 현장에서 사용하시는 영어의 어휘나 적절한 단어, 표현력이 충분하지는 않으시고, 때로는 한국말로 표현하시고자 하는 것들을 영어로 그대로 의미를 살려서 표현하시는 데 많은 어려움을 가지고 계셨어요.

제 학생들이 처음 저와 수업하실 때에는 영어에 대한 고민과 두려움으로 시작했지만, 시간이 지나면서 즐겁게 자신감 있게 본인의 직장과 학교에서 영어를 유창하게 구사하시게 되고, 이와 더불어 직장에서 좋은 성과와 승진 및 큰 성과들을 거두시는 모습들을 보면서, 그분들의 영어 선생님으로서 정말 큰 보람을 느꼈습니다.

바라기는, 이 책을 선택하신 제 독자님들도 이 책을 소중한 책으로 간직하시며 공부하셔서, 빠른 시간 안에 본인이 원하시는 것 이상으로 영어실력이 향상 되시길 바랍니다. 저는 그렇게 되실 거라고 확신합니다! 감사합니다.

Contents

Chapter 1   영어 문장 만들기의 핵심 패턴들

Chapter 2   해외에서 사용하는 상황별 표현들

Chapter 3 영어 글쓰기의 실제

Chapter 1

———

영어 문장 만들기의
핵심 패턴들

제1강

내가 원하는 것을
상대에게 표현할 때

영어 공부의 목적은 여러 가지가 있겠지만, 결국에는 자신이 원하는 표현들을 정확하게 마음껏 구사하고 싶은 것이 아닐까요?

학교와 사회, 직장에서 외국 바이어나 해외 본사의 직원들과의 업무상 대화부터, 해외에 장 단기로 거주할 때, 생활하면서 그곳에서 만나는 사람들과의 원활한 소통이 필요합니다.

그래서 제1강에서는 내가 상대방에게 나의 원하는 것들을 표현하는, 아주 기초적인 구문부터 설명해 볼게요.

만약, 원하는 것들이 나에게 집중된 것이라면

I want some money: 나는 약간의 돈을 원해요.

I want some time: 나는 약간의 시간을 원해요.

Want 다음에는 바로 본인이 원하는 것들을 무엇이든지 넣어서 사용하시면 되는데요. 여기서 위에 제시된 문장을 약간 길게 해 볼게요.

I want some money to use: 나는 약간의 쓸 돈을 원해요.

I want some time to think about it: 나는 그것에 대해 생각할 약간의 시간을 원해요.

보시는 대로, 명사 뒤에 to 동사 구문을 추가하면, 더 자세히 본인이 원하는 것들 것 대한 생각들을 전달할 수 있어요.

물론, 내가 원하지 않는 것을 얘기할 때는

I don't want 명사(나는 명사를 원하지 않아요)

I didn't want 명사(나는 명사를 원하지 않았어요)

위와 같은 구문으로 바꾸어 주시면 되고요.

이번에는, 내가 무엇을 하는 것을 원한다는 표현을 하고 싶으면, want 다음에 꼭 to를 붙이셔야 합니다.

I want to get a job(나는 직업을 갖고 싶어요)

I want to take a rest(나는 쉬고 싶어요)

I want to go there(나는 거기에 가고 싶어요)

I want to book the hotel for my holiday(나는 내 휴가를 위해 그 호텔을 예약하고 싶어요)

별것 아닌 것처럼 보이지만, 제가 많은 직장인들을 수업해 보니 영어회화 시 깜박하고 to를 생략하시는 분들이 있었어요.

그리고, 한 가지 팁을 알려 드리자면, 내가 정말로 원하는 것이 있을 때 원하는 걸 강조하시려면, want 앞에 do를 추가하시면 됩니다.

I do want to get a job(나는 정말로 직업을 갖기 원해요)

이때 do는 '하다'라는 의미가 아니고, 그냥 동사를 강조하는 '정말로'라는 의미가 됩니다.
이제, 다음 단계로 '내가 원하는 것은 무엇입니다'라는 표현을 배워 보기로 해요.

What I want is some money(내가 원하는 것은 약간의 돈입니다)

이 예시 문장에서 what은 의문사의 '무엇'이라는 뜻이 아니고요. '~하는 것'이라는 뜻이에요. 그럼, 다른 문장도 만들어 볼까요?

What I want is just you(내가 원하는 것은 단지 당신이에요)
What I want is a room with bathroom(내가 원하는 것은 욕실이 딸린 방입니다)
What I want is an approval of Korea government(내가 원하는 것은 한국정부의 승인입니다)

위에 예시된 문장 표현보다, 좀 더 강한 표현도 배워 보실까요?

All I want is just some rest(내가 원하는 모든 것은 단지 약간의 휴식일 뿐이에요)

All I want is just you(내가 원하는 모든 것은 단지 당신뿐이에요)

이 표현은 내가 뭔가를 간절히 원할 때 사용하면 좋겠지요?
그럼, 내가 무엇인가를 정말로 하기를 원할 때는요.

All I want is to go home now(내가 원하는 모든 것은 지금 집에 가는 거예요)

All I want is to forget him(내가 원하는 모든 것은 그를 잊는 거예요)

All I want is to postpone the meeting(내가 원하는 모든 것은 그 미팅을 연기하는 거예요)

Want 라는 단어 하나로 참, 많은 표현을 할 수 있네요.
자! 이제는 내가 특정 상대방이 무엇을 하기를 원할 때 어떻게 문장을 만들어야 하는지 배워 봅시다.

I want you to help me(나는 당신이 나를 도와주기를 원합니다)
I want her to come home(나는 그녀가 집에 오기를 원합니다)
I want my boss to be kind(나는 나의 상사가 친절하기를 원합니다)
I want Mr. Kim to join our project(나는 미스터 김이 우리의 프로젝트에 합류하기를 원합니다)

이렇게 want 다음에 상대방(목적격/이름/직책 등)을 쓰고 to 동사 구문을 쓰시면 그 상대방이 하기를 원하는 것들을 깔끔하게 표현할 수 있어요.
이 표현을 과거로 하시고 싶을 때 주의할 점은 want의 과거형태인 wanted를 쓰신 후, 뒤에 동사는 항상 '현재 동사 형태'로 하셔야 한다는 겁니다.
아래 문장들에서 이 사항들을 체크하실 수 있어요.

I wanted you to help me(나는 당신이 나를 도와주기를 원했어요)
I wanted her to lend some money to me(나는 그녀가 나에게 약간의 돈을 빌려주기를 원했어요)

여기서 lend는 '빌려주다'라는 뜻의 동사이고요. 반대로 borrow는 '빌려오다'라는 뜻의 동사이니, 두 가지 동사들을 잘 구분하셔서 사용하세요.

I borrowed this car from my father yesterday(나는 이 차를 나의 아버지로부터 어제 빌렸어요)
My father lent his car to me yesterday(나의 아버지가 그의 차를 나에게 어제 빌려주셨어요)
* lent는 lend의 과거동사 형태입니다.

이제, 오늘 제1강에서 배운 구문들을 스스로 해석하면서 복습해 보실래요?

I want some money

I want some money to use

I want to get a job

I do want to get a job

What I want is some rest

All I want is to forget him

I want her to come home now

I wanted him to lend some money to me

서로가 상대방이 원하는 것을
해 주기를 바라는 표현

이번 강의에서는 제1강에서 배운 'want'의 활용을 조금 더 심도 있게 다루어 보겠습니다.

I want her to help me(나는 그녀가 나를 도와주기를 원해요)

이 문장을 부정문(현재/과거)로 만들려면, 아래와 같이 쓰시는 건 다 아시죠.

I don't/didn't want her to help me

이제는 대화 중에, 상대방이 나에게 원하는 것이 있는 경우에 사용할 수 있는 문장들을 조금씩 더 공부해 봅시다!

Do you want to sleep?(당신은 잠을 자기 원해요?)
Do you want some water?(당신은 약간의 물을 원해요?)

이런 구문들은 우리에게 아주 익숙한 것들이에요.

그럼, 다음 예시 문장을 살펴 보실까요?

Do you want me to give an advice?(당신은 내가 충고를 해 주기를 원해요?)

Do you want me to call her tonight?(당신은 내가 그녀에게 오늘 밤 전화하기를 원해요?)

Do you want me to forgive my mother?(당신은 내가 나의 엄마를 용서하기를 원해요?)

위에서 보시는 문장들은 상대방이 나에게 원하는 것이 무엇인지를 질문할 때 유용하게 쓰실 수 있어요. 이 구문으로 얼마든지 다양한 표현을 만들어 구사할 수 있어요. 그리고 위의 예문에서 'me'가 들어가는 위치에 필요에 따라 her, him, John, Mr. Kim 같은 모든 사람들을 넣어서 사용 할 수 있답니다.

이렇게요.

Do you want her to come to your place this afternoon?(당신은 그녀가 오늘 오후에 당신의 집으로 오기를 원해요?)

Do you want the CEO to hire your son for the position?(당신은 그 사장님이 당신의 아들을 그 직책을 위해 고용해 주기를 원합니까?)

Do you want the buyer to accept your suggestion?(당신은 그 바이어가 당신의 제안을 수락하기를 원합니까?)

지금 제시된 이 구문들은 일상 생활과 학교와 직장에서 아주 빈번하게 사용하실 수 있을 겁니다.

영어는 이렇게, 기본 틀과 형식을 알고 있게 되면, 본인이 원하는 단어들을 그 틀에 넣어 가며 다양한 표현들을 맘껏 하실 수 있답니다.

그렇다면, 지난 제1강에서 배웠던 What I want is 구문으로 연습해 볼까요?

What I want is some money(내가 원하는 것은 약간의 돈입니다)

What he wants is an excellent leadership skill(그가 원하는 것은 뛰어난 지도력입니다)

* 주어가 나도 너도 아닌 3인칭 단수일 경우, 현대 동사 끝에 항상 s를 붙여서 사용하셔야 하는 것은 대부분 다 아실 것 같네요.

What our company wants is high performances of employees(우리 회사가 원하는 것은 직원들의 높은 실적들입니다)

What 주어 want is 구문을 과거시제로 사용하시고 싶을 때는
What 주어 wanted was/were 형태로 하시면 됩니다.

What the director wanted was the cost-effectiveness of products(그 사장님이 원했던 것은 제품들의 가성비 였습니다)

* 사업과 비즈니스, 물건 구매에 자주 사용 되는 단어인 cost-effective는 '가성비가 좋은, 가성비가 있는' 이런 의미의 형용사이고요. 이 단어에 -ness를 붙이면, Cost-effectiveness '가성비'라는 명사가 되죠.

It is a cost-effective product(그것은 가성비가 좋은 제품이에요)

다시, 지난 번에 배운 구문들의 예문을 보시면서 복습도 해 보시고, 문장 확장도 해 보실까요?

All I want is a new mobile(내가 원하는 모든 것은 새 핸드폰이에요)

All she wants is a good boyfriend(그녀가 원하는 모든 것은 좋은 남자 친구에요)

All I want is a proper action to the matter(내가 원하는 모든 것은 그 문제에 대한 적절한 조치입니다)

All victims want is a strong punishment to the criminal(피해자들이 원하는 모든 것은 그 범죄자에 대한 강력한 처벌입니다)

* punishment 처벌 * criminal 범죄자

All I want is to leave this country(내가 원하는 모든 것은 이 나라를 떠나는 거예요)

* leave 떠나다. 남기다.

All Julie wants is to enjoy a massage service at the hotel(쥴리가 원하는 모든 것은 그 호텔에서 마사지 서비스를 즐기는 거예요)

이 구문의 과거 형태는 'All 주어 wanted was to 동사'형으로 약간만 변형하시면 되어요.

All John wanted was to cancel the conference(존이 원했던 모든 것은

그 회의를 취소하는 거였어요)

All he wanted was to get married at his church(그가 원했던 모든 것은 그의 교회에서 결혼을 하는 거였어요)

자, 이제 복습시간입니다.

이번 강의에서 배우신 핵심 문장들을 해석해 보세요.

Do you want me to give an advice?

Do you want me to forgive my mother?

Do you want the CEO to hire your son for the position?

Do you want her to come to your place this afternoon?

What I want is some money

What he wants is an excellent leadership skill

What our company wants is high performances of employees

All I want is a proper action to the matter

All victims want is a strong punishment to the criminal

All I want is to leave this country

All Julie wants is to enjoy a massage service at the hotel

All John wanted was to cancel the conference

All he wanted was to get married at his church

서로에게 원하는 것들을
좀 더 정중하게 표현할 때

이번 강의에서는 'want'를 사용한 더 정중하고 고급스런 표현을 알려 드릴게요.

I want some time to think about it(나는 그것에 대해 생각할 약간의 시간이 필요해요) 이 표현을 좀 더 업그레이드 해 볼게요.
I would like some time to think about it(저는 그것에 대해 생각할 약간의 시간이 필요합니다)

일반적으로 want 다음에는 원하는 것의 '명사형'이나 '동명사형(동사ing)'이 옵니다. would like 다음에도 마찬가지로 명사형이나 동명사 형태를 사용하시면 되는데요. 차이점은 문장에서 Would like를 사용하시면 좀 더 정중한 표현이 됩니다.
예문들 보시죠.

I would like a large pizza(저는 큰 피자를 원합니다)

I would like sleeping at the moment(저는 현재로서는 잠자는 것을 원합니다)

I would like a window seat/an aisle seat(저는 창가 자리/통로 자리를 원합니다)

* aisle 통로

I want to order the menu number 2(나는 그 메뉴 2번을 주문하길 원해요)

위 문장에서도 want to 대신에 would like to를 사용하시면, 문장이 더 정중하게 표현됩니다.

I would like to order the menu number 2(저는 그 메뉴의 2번을 주문하고 싶습니다)

여기서 잠깐만요!
영어표현에서는 한국어와는 반대로 먼저 직책이나 명칭이 나온 후에 숫자나 성함 등의 상세한 표현을 써요.
예를 들면요.

The menu number 2(2번 메뉴)
The room 235(235호 실)
The page 32(32페이지)
The subway line 2(2호선 지하철)
The CEO Jae young Lee(이재영 사장님)

The magazine Elle(엘르 잡지)

The bookshop Yes 24(예스24 서점)

도움이 되셨기를 바라면서요.

다시 want와 would like 구문들을 살펴 봅시다.

I want you to help me(나는 네가 나를 도와주기를 원해)

I would like you to help me(저는 당신이 저를 도와주기를 원합니다)

I would like Mr. Kim to give a good advice on that matter(저는 미스터 김이 그 문제에 관하여 좋은 조언을 해 주시기를 바랍니다)

* on =about: ~에 관하여

이 문장을 사용하실 때 주의하실 점은 would like와 to 사이에 상대방(목적격 인칭, 이름, 직책)을 넣으셔서 문장을 만드셔야 한다는 거예요.

I would like our director to consider my hard situation(저는 우리의 이사님께서 저의 어려운 상황을 고려해 주시기를 원합니다)

I would like her to perform this project on time(저는 그녀가 이번 프로젝트를 제 시간에 수행해 주기를 원합니다)

I would like my pumpkin soup to be heated up(저는 제 호박 수프가 뜨겁게 데워지기를 원합니다)

그런데, 지난 번 강의에서 '너는 내가 ~하기를 원하니?'라는 표현 배운 것 기억나세요?

Do you want me to call you tonight?(너는 내가 오늘밤에 너에게 전화 하기를 원하니?)

이 표현도 역시, 좀 더 정중하게 바꿀 수 있어요. 이렇게요.

Would you like me to call you tonight?(당신은 오늘 밤에 제가 전화하 기를 원하세요?)
Would you like me to join the project?(당신은 제가 그 프로젝트에 합류 하기를 원하세요?)

계속, 예문들을 살펴보실까요?

Would you like me to sign on the contract paper right now?(당신은 제 가 지금 당장 그 계약서에 사인하기를 원하세요?)
Would you like me to enroll on the beginner course by tomorrow?(당 신은 제가 그 초급 강좌에 내일까지 등록하기를 원하세요?)

자! 오늘 제3강에서 배웠던 핵심 문장들을 다시 한번 복습해 봅시다.

I would like a large pizza
I would like a window seat

I would like to order the menu number 2

I would like Mr. Kim to give a good advice on the matter

I would like my pumpkin soup to be heated up properly

Would you like me to call tonight?

Would you like me to join the project?

Would you like me to sign on the contract paper right now?

Would you like me to enroll on the beginner course by tomorrow?

감정과 기분, 현재 상태를
표현하고 싶을 때

이번 강의에서는 자신의 기분이나 상태를 표현하는 영어문장들을 자세하게 차근차근 살펴보기로 해요.

수많은 표현들이 있겠지만, 결국은 모든 문장 형태가 아래와 같이 사용됩니다.

(주어+Be동사/get/feel+형용사+전치사)

여기서 우리가 꼭 유념해야 할 점은 Be동사를 사용하면 주어의 객관적인 상태만을 얘기하는 것이고, Be동사 대신에 get을 써서 현재의 생생한 의미를 전달하기도 합니다.

Feel을 사용하면, 주어의 개인적인 느낌을 중요시하는 표현을 할 수 있어요.

그럼, 이해를 돕기 위해 실제 영어 예문들을 나열해 볼게요.

I am scared of lightning(나는 번개가 무서워요)

When I saw a snake in the forest, I was very scary of the snake(내가 숲 속에서 뱀을 봤을 때, 난 정말로 그 뱀이 무서웠어요)

I feel satisfied with the results of my final exam(나는 내 기말고사 결과에 만족감을 느껴요)

I was satisfied with the restaurant's food(나는 그 식당의 음식에 만족했어요)

I am so worried about my mother's health(나는 나의 엄마의 건강이 매우 걱정됩니다)

I am really worried about the client's comment on our service(나는 우리의 서비스에 대한 그 고객의 지적이 정말로 걱정됩니다.)

추가로 설명하자면, satisfy는 '만족시키다'라는 동사 이고, worry는 '걱정시키다'라는 의미에요.
그래서 이런 단어들을 가지고, 주어가 자신의 느낌을 표현할 때는(Be동사/get+형용사/과거 분사) 형태로, 위에 예문들처럼 쓰셔야 합니다.
계속해서, 다른 예문들을 써 볼게요.

I get angry because of his rude attitude(나는 그의 무례한 태도에 화가 나요)

I get upset with the matter(나는 그 문제에 화가 나요)

I feel so confused with her decision(나는 그녀의 결정에 혼란스러움을 느껴요)

I am confident that there will be a big change in my life(나는 내 인생에 큰 변화가 있을 거라고 확신이 들어요)

I feel comfortable when I stay at the pretty café(나는 그 예쁜 카페에

머무를 때, 편안함을 느껴요)

I feel uncomfortable with this issue(나는 이 문제에 불편함을 느껴요)

Whenever I wear a mask in the subway, I feel stuffy much(나는 지하철
에서 마스크를 쓸 때마다 난 매우 답답함을 느껴요)

I feel lonely, sometimes(나는 때때로 외로움을 느껴요)

During the rainy season, I feel gloomy(장마 기간 동안에, 나는 우울해요)

After I sleep enough, I feel fresh(충분히 잠을 자고 나면, 난 상쾌해요)

어때요? 문장의 기본 형식만 알면, 나의 기분을 얼마든지 생생하게 표
현할 수 있지요? 계속해서 다음 문장들을 보면요.

I was very excited when she accepted my proposal(나는 그녀가 나의
프로포즈를 수락했을 때, 매우 흥분되었어요.

I feel afraid that you are late for our meeting(나는 당신이 우리의 미팅
에 늦게 되어서 유감입니다)

Frequently, I feel nervous before the audience(자주, 나는 청중들 앞에
서 긴장됩니다)

John felt inferior when his boss scolded him(존은 그의 상사가 그를 꾸
짖었을 때, 열등감을 느꼈어요)

I felt inferior after I failed in my driving test many times(나는 내 운전
면허 시험에 여러 번 실패한 후에, 열등감을 느꼈어요)

I am pleased/happy for that I can inform you of a good news(나는 당
신에게 좋은 소식을 알릴 수 있어서 기쁩니다/행복합니다)

I am really grateful/thankful for his kind consideration(나는 그의 친절한 배려에 정말로 감사합니다)

이렇게 이번 제4강에서는 자신의 감정과 상태를 표현할 수 있는 문장들을 공부해 보았어요.
그럼, 이번 강의의 대표 문장들 해석해 보시면서, 그 표현들을 마음속에 다시 한번 새겨 보시길 바랍니다.

I am scared of lightning

I was satisfied with the restaurant's food

I am so worried about my mother's health

I get angry because of his rude attitude

I feel so confused with her decision

I am confident that there will be a big change in my life

I feel comfortable when I stay at the pretty café

I feel uncomfortable with this issue

Whenever I wear a mask in the subway, I feel stuffy much

I feel lonely, sometimes

After I sleep enough, I feel fresh

I was very excited when she accepted my proposal

문장 해석 잘 되고 있나요?

I feel afraid that you are late for our meeting

Frequently, I feel nervous before the audience

John felt inferior when his boss scold him

I felt inferior after I failed in my driving test many times

I am pleased for that I can inform you of a good news

I am really grateful/thankful for his kind consideration

서로의 행동에
영향을 주고 싶을 때

우리는 살아가면서 서로에게 무엇인가를 요구하거나 영향을 주고 싶어 합니다. 그래서, 이번 강의에서는 이러한 상황들에서 사용할 수 있는 적합한 영어 표현들을 소개해 보려고 해요.

먼저, 국내와 해외에서 아주 빈번하게 사용되는 표현입니다.

(주어 make A B) 주어가 A로 하여금 B하게 하다.

여기에서 B에는 '형용사'나 '동사원형', 두 가지 형태를 다 쓰셔도 되니 참 편리한 것 같네요.

예문들 읽어 보실까요?

My daughter made me happy on my birthday(나의 딸이 내 생일날에 나를 행복하게 만들었어요)

Her advice makes me comfortable(그녀의 조언이 나를 편안하게 만듭니다)

Bad weather made me cancel the meeting(나쁜 날씨가 나로 하여금 그 미팅을 취소하게 만들었어요)

Most of the team leaders make their team members work hard(대부분의 팀 리더들은 그들의 팀 멤버들이 열심히 일하도록 만들어요)

여기서 설명을 약간 추가해 드리자면, make와 비슷하게 '만들다'라는 의미로 쓰이는 단어는 get인데요.
이 경우에는 (주어 get A B) 형태에서 B 부분에는 형용사나 to 부정사를 사용하셔야 합니다.
Make를 사용했던 앞의 예문과 비교해서 써 보면요.

My daughter got me happy on my birthday(나의 딸이 내 생일날 나를 행복하게 만들어 주었어요)
Bad weather got me to cancel the meeting(나쁜 날씨가 나로 하여금 그 미팅을 취소하게 만들었어요)

본인이 원하시는 표현을 쓰셔도 되는데, make 구문을 사용하면 to부정사에 신경 쓸 필요 없이 자유롭게 문장을 표현하실 수 있어서 좋은 것 같습니다. 이와 마찬가지로(let A 동사원형: A가 동사하도록 허락하다/시키다) 구문도 자주 사용되는 편리한 구문이에요.

When you get the information, please let me know(당신이 그 정보를 얻게 되면, 나에게 알려 주세요)
I will let you go abroad when you are ready(네가 준비될 때, 나는 네가 해외로 가는 것을 허락할게)

The security let me enter the building(그 보완요원이 나를 그 빌딩으로 들어가게 해 주었어요)

그런데, have가 '가지다', '먹다'라는 뜻 이외에 '~를 하게하다. 시키다'라는 의미로도 많이 사용되고 있다는 것 아세요?

I will have her attend the press conference(나는 그녀가 그 기자 회견에 참석하게 할거예요)
She had her car washed(그녀는 그녀의 차를 세차시켰어요)

Have를 사용한 위의 두 문장의 차이를 아시겠어요?
Have 다음 '시키는 대상'이 능동으로 동사를 수행할 수 있을 때는 그냥 '동사원형'을 쓰시고, 수동으로 동사를 당하는 입장일 때는 '과거분사'를 사용하시면 됩니다.
더 자세히 위의 예문을 설명해 보면, 그녀는 기자 회견에 능동으로 참여할 수 있기 때문에 동사원형인 'attend'를 사용했어요. 또, 그녀의 차는 수동으로 세차가 되어지기 때문에 과거분사 'washed'를 사용하게 되었어요.
이해를 더 도와드리기 위해 예문을 2개 더 만들어 보겠습니다.

Yesterday, I had a large pizza delivered to my apartment(어제, 나는 라지 피자 하나를 내 아파트로 배달시켰어요)
Someday, I will have Julie live with me as my wife(언젠가, 나는 쥴리가

나의 아내로서 나와 함께 살게 만들 거예요)

지금까지 make와 get, have를 사용하는 구문으로, '누구누구를 ~하게 만들다'라는 표현들을 공부해 봤는데요.
이제는 내가 남에게 무엇인가를 요구하고, 충고하고, 권유하는 표현을 알려 드리려고 해요.
먼저, 예문들을 보실까요?

I ask you to call me tonight(나는 당신이 오늘 밤 나에게 전화하기를 요청합니다)
My mother asked me to lose my weight(나의 엄마가 나에게 살을 빼라고 요구하셨어요)
David asked her son not to drive his car(데이비드가 그의 아들에게 그의 차를 운전하지 말라고 요구했어요)
The teacher asks students not to be late for his class(그 선생님이 학생들에게 그의 수업에 늦지 말라고 요구했어요)

어때요? 예문을 보니, 훨씬 이해가 잘되시지요?
문장 형태를 다시 정리해 드리자면,
(주어 ask A to 동사원형)-주어는 A에게 동사하라고 요구하다.
(주어 ask A not to 동사원형)-주어는 A에게 동사하지 말라고 요구하다.
머리 속에 이 문장 형태를 정리해서 필요한 단어들만 넣으셔서 사용하시면 되는데요, 이때 ask 대신에 advise를 사용하시면 좀 더 부드러운 표현이 됩니다.

The teacher advised students not to be late for his class(그 선생님은 학생들에게 그의 수업에 늦지 말라고 조언했습니다.)

Advise 대신에 recommend를 써서, 정중한 표현으로 사용하셔도 되지요.

My mother recommends me to lose my weight(나의 엄마가 나에게 살을 빼라고 권유하셔요)

반대로, force라는 단어를 사용하게 되면, 아주 강압적인 표현이 됩니다.

The government forced people to stay home during lockdown(정부는 제재 기간 동안에 강제로 사람들이 집에 머무르게 했다)

이렇게 해서 이번 강의에서는 서로의 행동에 영향을 줄 수 있는 여러 표현들을 공부해 보았습니다.
그럼, 간단히 아래 몇 개의 문장들을 해석하면서 복습해 보세요.

My daughter made me happy on my birthday
The bad weather made me cancel the meeting
The bad weather got me to cancel the meeting

I had a large pizza delivered to my apartment

I will have her attend the press conference

I ask you to call me tonight

David asked her son not to drive his car

My mother asked me to lose my weight

My mother recommended me to lose my weight

The teacher advises students not to be late for his class

The government forced people to stay home during lockdown

제6강

약속 정하기와
일정 조정 및 취소 시

와~ 벌써 제6강이네요! 어떠세요?

영어에 대한 친숙함과 편안함이 조금이나마 느껴지시나요?

제6강에서는 사람들과 약속시간이나 모임을 정할 때 표현과 약속 일정
을 다시 조정하거나, 또는 취소할 때 쓰는 표현들을 공부하실 건데요.
아주 쉽고 간단한 문장부터 섬세하고 정중한 표현까지 알려 드리겠습
니다.

먼저, 제일 기초적인 표현······.

Can I see you tomorrow at 3p.m?(내가 너를 내일 오후 3시에 볼 수 있
니?)

Can 대신에 Could를 사용하면, 공손한 표현이 됩니다.

Could I see you tomorrow at 3p.m?(제가 내일 오후 3시에 당신을 만날

수 있을까요?)

또는 available('사용 가능한, 시간이 되는'라는 뜻의 형용사) 단어를 사용하셔서 문장을 만들 수 있어요.

Are you available tomorrow at 3 pm?(내일 오후 3시에 시간 되니?)

그럼, 이 표현들을 좀 더 다양하게 문장을 만들어 볼게요.

Is that okay if I see you tomorrow at 3p.m?(내일 제가 당신을 오후 3시에 만나도 괜찮으시겠어요?)
Could you arrange our meeting tomorrow at 3p.m?(내일 오후 3시에 우리의 미팅 시간을 마련해 주시겠어요?
Would it be possible for me to see you tomorrow at 3p.m?(제가 내일 오후 3시에 당신을 만나는 것이 가능할까요?)
I would appreciate it if you saw/would see me tomorrow at 3p.m.(내일 오후 3시에 저를 만나 주신다면 감사하겠습니다.)

바로 위의 문장에서 would는 가정을 나타내는 표현으로서, 미래의 일을 감사드리겠다고 얘기하려 할 때 쓰시길 바랍니다.
또한 이때, If절에는 가정을 나타내는 '과거 동사'나 'would 동사원형'의 형태를 쓰셔야 해요.
가정법에 대해서는 다음 제8강에서 자세히 설명해 드릴게요.

지금까지의 예문들은 내가 만나고 싶은 시간을 미리 정해 놓고, 상대방에게 의견을 물어 보는 것이었는데요.

그런데, 내가 약속 시간을 미리 정하지 않고 상대방이 만나기 편한 시간을 물어 보는 경우도 있지요?

When could I meet with you tomorrow?(제가 내일 언제 당신을 만날 수 있나요?)

When is your convenient time for tomorrow's meeting?(내일 언제가 우리의 미팅을 위해 편하신가요?)

I would like to meet with you tomorrow at your convenience.(내일 당신이 편하실 때 제가 뵙고 싶습니다)

During this week, which date and time is convenient for you to discuss our project?(이번 주 중에 어느 날과 시간이 우리의 프로젝트를 상의하시기가 당신에게 편하세요?)

I would appreciate if you would arrange our meeting time to discuss our project during this week.(이번 주중에 우리의 프로젝트를 논의하기 위한 미팅 시간을 마련해 주신다면 감사하겠습니다)

자, 이렇게 대화를 통해 상대방과 약속 시간을 정했는데요. 개인적으로 급한 일이나 피치 못할 사정으로 인해 약속 일정을 앞당기거나 뒤로 미루거나, 취소할 경우가 있잖아요.

그래서, 이제는 그런 경우에 실제적으로 사용하실 수 있는 문장들을 알아봅시다.

Is that okay if we postpone our meeting to next Wednesday at 7p.m?(우리 만남을 다음 주 수요일 저녁 7시로 연기해도 괜찮으세요?)
Do you mind if I postpone our meeting to next Wednesday at 7p.m?(우리 만남을 다음 주 수요일 저녁 7시로 연기하는 것을 당신은 신경 쓰셔요?)

'Postpone 약속 to 변경된 일시' 구문은 약속을 연기하고 싶을 때 사용하시면 되고요. Postpone 대신에 push를 사용하셔도 돼요.
그럴 경우에는, 'push 약속 back to 변경된 일시' 이 구문으로 바꾸어 쓰시면 됩니다. 여기에 맞는 예문을 제시해 드릴게요.

I am wondering if we push our meeting back to December 15.
(우리 약속을 12월 15일로 미루어도 되는지 저는 궁금해하고 있어요)

'I am wondering if 문장' 이 구문은 '내가 문장 내용을 궁금해 하고 있을 때' 자유롭게 사용하시면 좋아요.
그리고 한 가지 더 설명해 드릴게요. 원래 날짜를 표현할 때, 예를 들면 5월 7일에는 on the second of May 이렇게 쓰셔도 되시지만, 그냥 간단히 on May 7 이렇게 쓰셔도 됩니다.
다시, 약속 일정 변경 표현으로 돌아가 볼게요. 이번에는 약속 일정을 앞당겨야 할 경우에 사용할 수 있는 문장들입니다.

If you are okay, I would like to push up our meeting 3 days earlier(만일

당신이 괜찮으시면, 저는 우리의 미팅을 3일 더 일찍 앞당기고 싶습니다)

이 표현을 좀 더 친숙한 표현으로 해 보면요.

Could I meet with you 3 days earlier than our original schedule?(제가 당신을 우리의 원래 스케줄보다 3일 일찍 만날 수 있을까요?)

그리고 약속 일정을 앞당길 때 push up 대신에 move up을 사용하실 수도 있어요.

Could we move up our meeting to April 5?(우리의 미팅을 4월 5일로 앞당길 수 있나요?)

이번에는 아주 정중한 표현들을 공부해 보실까요?

Would it be okay if we could meet 30 minutes earlier?(우리가 30분 일찍 만나도 괜찮으시겠습니까?)
Due to a schedule conflict, I'd like to change our appointment from this Wednesday to next Friday.(스케줄이 겹치기 때문에, 저는 우리의 약속을 이번 주 수요일에서 다음 주 금요일로 변경하고 싶습니다)

위의 문장들에서 meeting이나 appointment 대신에 내가 변경하고 싶은 약속이나 예약일정, 만남, 파티, 행사 등을 넣어서 사용하시면 돼요.
마지막으로, 어쩔 수 없이 약속을 취소해야 할 경우에 쓰이는 문장들을
살펴보실까요?

I think I can't meet with you on June 2 at 3p.m.(제가 6월 2일 오후 3시
에 당신을 못 만날 것 같아요)
Could we reschedule our meeting during July at your convenience?(당
신이 편할 때, 6월 중에 우리가 다시 스케줄을 잡을 수 있을까요?)
Due to my urgent matters, I won't/will not be able to meet with you
tonight at 8p.m(저의 긴급한 일들 때문에, 제가 오늘밤 8시에 당신을 못
만나겠습니다)
When is your convenient time tonight after 9pm?(오늘 밤 9시 이후에
언제가 당신에게 편한 시간이신가요?)

다시 스케줄을 조정할 때, 편한 친구 같은 사이라면 아래와 같이 문장
을 사용하셔도 되어요.

Let's arrange another meeting when you are okay.(네가 괜찮을 때 다
시 약속 시간 정하자!)

이번 제6강에서는 만남과 약속 일정 정하는 표현들부터 일정 조정과
취소 때 사용하실 수 있는 문장들을 공부해 보았는데요. 우리 일상 생
활에서 실질적으로 유용하게 쓰이는 문장들이니, 여러 번 읽어 보시고

외우시면 좋겠습니다.

이번 강의에서 배우신 문장들 해석하시면서 머릿속에 정리합시다!

Can I see you tomorrow at 3p.m?

Is that okay if I see you tomorrow at 3p.m?

Could you arrange our meeting tomorrow at 3p.m?

Would it be possible for me to see you tomorrow at 3p.m?

I would appreciate it if you saw/would see me tomorrow at 3p.m

When could I meet with you tomorrow?

When is your convenient time for tomorrow's meeting?

I would like to meet with you tomorrow at your convenience

During this week, which date and time is convenient for you to discuss

our project?

I would appreciate/thankful if you would arrange our meeting to dis-

cuss our project during this week

어때요? 해석 잘 되시나요?

계속해서, 약속 일정을 조정하고 싶을 때 문장들입니다.

Is that okay if we postpone our meeting to next Wednesday at 7p.m?

Do you mind if I postpone our meeting to next Wednesday at 7p.m?

If you are okay, I would like to push up our meeting 3 days earlier?

Could I meet with you 3 days earlier than our original meeting schedule?

Could we move up the meeting to April 15?

Would it be okay if we could meet 30 minutes earlier?

Due to a schedule conflict, I'd like to change our appointment from this Wednesday to next Friday.

마지막 복습 문장은 약속을 취소하고 싶을 때 사용되는 문장들이죠.

I think I can't meet with you on June 2 at 3p.m

Could we reschedule our meeting during July at your convenience?

Due to my urgent matters, I won't/will not be able to meet with you to-night at 8p.m

When is your convenient time tonight after 9p.m?

Let's arrange another meeting when you are okay.

수고하셨습니다.

잘못에 사과하고 용서를 구할 때와
고마움을 표현할 때

우리는 사람들과 관계를 맺고 살아가면서, 때로는 잘못에 대해 사과를 하면서 용서를 구하기도 해요. 또, 고마운 이에게 감사함을 전하기도 합니다. 그래서, 이번 강의에서는 이러한 표현들을 알려 드리고 싶어요. 먼저, 같은 내용의 문장들을 여러 가지로 표현해 볼게요.

I am really sorry for my mistakes at the party last night(지난 밤 파티에서의 나의 실수들에 대해 정말로 미안해요)

I apologize for my mistakes at the party last night(지난 밤 파티에서의 저의 실수에 대해 사과드립니다)

I'm so sorry if I caused any inconvenience for you because of my mistakes at the party last night(지난 밤, 저의 실수 때문에 제가 당신에게 어떤 불편함을 야기했다면 정말로 미안해요)

I would like to apologize for my mistakes of last night's party to you(지난 밤 파티에서의 저의 실수들을 당신에게 사과드리고 싶습니다)

예문을 읽어 보셨다면, 사과를 하는 영어 표현의 문장 구조를 구체적으로 얘기해 보겠습니다.

I am sorry for 사과 내용(명사/동명사) to 사과할 대상자

I apologize for 사과 내용(명사/동명사) to 사과할 대상자

이러한 구조 속에 자신이 원하는 표현의 단어만 그대로 넣어 주시면 됩니다. 영어는 생각보다 참 쉽고, 예외가 거의 없어서요. 각 표현마다 기본 구조만 외우셔서 단어를 바꾸어 가면서 사용하시면 되시고요. 그렇게 하시다 보면, 점점 영어에 자신감이 생기게 돼요.

그럼, 계속 예문들 같이 보실까요?

I am sorry for giving wrong information to you(당신에게 잘못된 정보를 드려서 미안해요)

I am sorry for being late(늦어서 미안해요)

I am sorry for not helping you about the matter(그 일을 도와주지 못해서 미안해요)

I apologize for my rude attitude to you in the conference(그 회의장에서 저의 무례한 태도를 당신께 사과드립니다)

I apologize for not sending the products you ordered on time(당신이 주문하신 제품을 제시간에 보내 드리지 못해서 사과드립니다)

무엇을 하지 못해서 미안하다는 표현은요. I am sorry for 다음에 don't/doesn't를 쓰지 마시고, for 다음에 'not'을 쓰신 후 '동명사'를 사용하시면 되어요.

그럼, 이번에는 상대방에게 감사를 표현하는 문장들을 읽어 보실까요?
먼저, 가장 기초적인 표현입니다.
'Thank you for 명사/동명사'

Thank you for your kind help(당신의 친절한 도움에 감사해요)
Thank you for the useful information you provided in the last meet-ing(지난 미팅에서 당신이 제공해 준 유용한 정보 감사해요)
Thank you for accepting my suggestions on the contract(그 계약에서 나의 제안들을 수락해 주셔서 고마워요)

이제, 좀 더 격식을 차린 고급스런 감사 표현들을 해 볼게요.

I want to express my gratitude for your kind help(당신의 친절한 도움에 대한 저의 감사함을 표현하고 싶어요)
I would like to say thank you for your kind help(당신의 친절한 도움에 감사하다고 얘기드리고 싶습니다)
I appreciate your kind help(당신의 친절한 도움에 감사드립니다)

Appreciate라는 동사는 thank보다, 더 격식을 차릴 때 쓰시면 되시는데요. 특별히 주의하실 사항은 thank 다음에는 for가 오지만 appreciate 다음에는 for를 사용하시지 말고, 바로 감사한 대상자나 내용을 배치하셔야 한다는 겁니다.
아래 예문을 보시면 이해하시는 데 도움이 될 것 같네요.

I appreciate your good comments on the matter(그 문제에 대한 당신의 좋은 말씀에 감사드립니다)

We appreciate your invitation to the seminar in this quarter(우리는 이번 분기에 그 세미나에 초대해 주셔서 감사드립니다)

잠깐! 여기서 quarter 단어 설명드릴게요.

Quarter는 1/4, 15분, 25센트, 분기…… 등의 여러 뜻이 있어요.

각 문장에서 다른 뜻으로 쓰이는 quarter를 정리해 보았어요.

The first quarter 1/4분기

The third quarter 3/4분기

I finishes a quarter of my homework(나는 내 숙제의 사분의 일을 끝냈어요)

It's a quarter past 3p.m(3시 15분입니다)

* past 지난

It's a quarter to 3p.m(2시 45분입니다)

* to ~를 향한, ~전인

Compared to the second quarter, this quarter's turnover is pretty good(2/4분기와 비교해 보면, 이번 분기의 매출이 꽤 좋습니다)

* compared to 명사/명사구 ~에 비교해 보면 * pretty 꽤

어떠세요? 알아 두시면 좋은, 꽤 유용한 정보들이지요?

다시, 감사하다는 표현으로 돌아가서요

Appreciate 다음에는 전치사 to 없이 바로 감사한 대상이 옵니다.

I really appreciate you(저는 당신께 정말로 감사드립니다)

그럼, 이 표현을 약간씩 변형해 볼게요.

I am very thankful for your kind advice(저는 당신의 친절한 조언에 매우 감사해요)

여기서 thankful 대신에 grateful을 사용하셔도 됩니다. 또는, appreciative를 사용하셔도 문장의 내용은 같아요.
* appreciative 고마워하는, 감탄하는, 감상을 즐기는
그런데, 이 표현들 문장 앞에 would be를 사용하시면, 미래의 어떤 일에 미리 감사드리겠다는 가정의 표현이 됩니다.

I would be thankful if you could attend our 'launching show' on July 9(만약 당신이 7월 9일의 우리의 론칭 쇼에 참석해 주신다면 감사하겠습니다)
We would be deeply grateful/appreciative for your investment in our new business(당신이 우리의 새 사업에 투자해 주신다면 가슴 깊이 감사드리겠습니다)
I would be very appreciative if Mr. Kim could join our department(만약 미스터 김이 우리의 부서에 합류해 주신다면 매우 감사드리겠습니다)

이제, 이번 강의에서 배우신 표현들 복습하시면서 끝내요.

I am really sorry for my mistakes at the party last night

I would like to apologize for my mistakes at the party last night

I'm sorry if I caused any inconvenience for you because of my mistakes at the party last night

I'm sorry for being late

I'm sorry for not helping you on the matter

I apologize for not sending the product you ordered on time

해석 잘 되고 있나요? 계속해서 감사의 표현 문장들이에요.

Thank you for the useful information you provided in the last meeting

Thank you for accepting my suggestions on the contract

I want to express my gratitude for your kind help

I would like to say thank you for your kind help

I appreciate your good comments on the matter

I really appreciate you

I am very thankful/grateful/appreciative for your kind advice

We/I would be really thankful/grateful/appreciative if you would attend our launching show on July 9

We would be deeply appreciative for your investment in our new business

가정법 문장

이번 제8강에서는, 대화할 때 자주 사용하면서도 바로 표현하기가 어려 웠던, 영어의 '가정법 문장'에 대해 집중적으로 공부해 보겠습니다.

먼저, 제일 기초적인 '가정법 과거' 표현입니다.

현재 사실과 반대인 경우에 사용되지요. 문장들을 살펴보면요.

If you came to the party, you would enjoy it(만일 당신이 그 파티에 온 다면, 당신을 즐길 수 있을 텐데요)

If she lost her weight, she could look pretty(만일 그녀가 살을 뺀다면, 그녀는 예뻐 보일 텐데요)

* look 형용사: ~처럼 보이다.

If I won the lottery, I would buy a big house(만일 내가 복권에 당첨된 다면, 나는 큰 집을 살 수 있을 텐데요)

이렇게 '가정법 과거'문장은 ~하면 ~할 텐데'라는 현재와 반대인 경우 를 얘기할 때 쓰입니다.

가정법 과거 문장의 구조는 'If 주어+과거 동사, 주어 would/could 동사 원형'입니다. Would를 사용하면 주어의 하려는 의지를 나타낼 수 있고요, could를 사용하면, 주어가 할 수 있는 능력을 표현할 수 있습니다. 그럼, 가정법 과거 문장의 약간 변형된 문장들을 읽어 보죠.

If he invested in our company's stock, he couldn't lose his money(만일 그가 우리 회사의 주식에 투자를 한다면, 그는 그의 돈을 잃지 않을 텐데요)
If Carol chose Mark as her husband, she wouldn't regret for that(만일 캐롤이 마크를 그녀의 남편으로서 선택한다면, 그녀는 그것으로 후회하지 않을 텐데요)
If we didn't depart now, we could be late for the appointment(만일 우리가 지금 출발하지 않는다면, 우리는 그 약속에 늦을 텐데요)
* depart 장소: ~에서 출발하다
* could/would/can/will/should/must/to 다음에는 항상, '동사의 원형'이 온다는 것 유념하시면 좋겠어요. Be동사도 그 원형인 'be'로 쓰시면 됩니다.

이번에는 '가정법 과거 완료' 문장을 알려 드릴게요. 일반적으로, 과거의 사실과 반대되는 경우에 사용하게 되는 표현입니다.
대화에서 바로 사용하기는 약간 복잡해 보여도, 기본 문장 형태만 아시게 되면, 여기에 맞추어서 여러 번 연습해 보시면, 곧 어려움 없이 가정법 과거 완료 표현을 자유롭게 하실 수 있으실 거예요.
'가정법 과거 완료'의 문장 구조는

'If 주어+had+동사의 과거완료형태, 주어 would/could+have+동사의 과거 완료 형태'인데요. 이 형태에서 부정문을 만드시려면, 문장에 'not'을 추가하시면 됩니다. 그럼, 예시 문장들을 읽어 봅시다!

If I had studied hard for my final exam, I could have got the better results(만일 내가 내 학기 말 시험을 위해 열심히 공부했더라면, 나는 더 좋은 결과를 얻을 수 있었을 텐데요)

If I had known about the special sales of the department store, I would have bought my shoes(만일 내가 그 백화점의 특별 판매에 대해 알았었더라면, 나는 나의 신발을 샀을 텐데요)

If Julie hadn't been late for my birthday party, she could have seen my parents(만일 쥴리가 내 생일 파티에 늦지 않았었더라면, 그녀는 나의 부모님을 볼 수도 있었을 텐데요)

If I had controlled my diet strictly, I wouldn't have gained my weight much(만일 내가 나의 식이요법을 엄격하게 조절했더라면, 나는 살이 많이 찌지 않았을 텐데요)

어떠세요?

예시 문장들을 보니, 이해가 더 잘되시죠?

그런데, 영어는 머리로 이해만 하는 공부가 아니라서, 직접 배우신 표현들을 여러 번 연습하고 사용해 보셔야 실력이 더 향상된답니다.

본인의 상황에 맞는 가정법 문장들을 7개에서 10개정도를 개인 노트에 써 보면서, 크게 읽고 연습하면, 훨씬 더 구체적으로 자신만의 문장 표현을 하실 수 있으실 거예요.

자, 마지막으로 '가정법 혼합 문장'을 알려 드릴게요. 과거나 현재에 반대 되는 상황을 혼합해서 얘기하고 싶으실 때 유용한 구문입니다. 예문을 보실까요?

If I had chosen medicine as my major in the past, I wouldn't regret it now(만일 내가 과거에, 나의 전공으로 의학을 선택 했었더라면, 나는 지금 그것을 후회하지 않을 텐데요)

* medicine 의학, 의술, 약 * chosen: choose 의 과거 분사 형태

If the chef had not put salt into tomato soup too much, the soup would be tasty(만일 그 요리사가 토마토 수프에 소금을 너무 많이 넣지 않았더라면, 그 수프는 더 맛이 있을 텐데요)

이렇게 해서 제8강에서는 가정을 표현하는 세가지 구문들을 공부해 보았어요. 자주 사용하실 수 있는 문장들이라서 알아두시면 참 도움이 되실 거예요.

이제, 배우신 예문들 해석해 보시면서 복습해 봅시다.

If I won the lottery, I would buy a big house

If he invested in our company's stock, he couldn't lose his money

If we didn't depart now, we could be late for the appointment

If I had studied hard for my final exam, I could have got the better re-
sults

If Julie hadn't been late for my birthday party, she could have seen my
parents

If I had controlled my diet strictly, I wouldn't have gained my weight
much

If I had chosen medicine as my major in the past, I wouldn't regret it
now

If the chef had not put salt into tomato soup too much, the soup could
be tasty

Chapter 2

———

해외에서 사용하는
상황별 표현들

제9강

식당 예약과 이용

이번 강의부터는 그동안 제1강부터 8강에서 배우셨던 영어 표현을 활용하면서, 우리의 일상 생활과 밀접한 '생활 영어' 공부를 해 보기로 해요. 먼저, 레스토랑에서 사용할 수 있는 표현부터 해 볼까요?

Hello, my name is Sun woo Kim. I would like to/want to book for to-night's dinner(안녕하세요? 제 이름은 김선우인데요. 오늘 밤 저녁식사를 위해 예약을 하고 싶습니다)

Thank you for your calling, Mr. Kim.(전화해 주셔서 감사해요, 미스터 김)

How many do you have in your party?(당신 일행은 몇 명이신가요?)

We are four including me(저를 포함해서 네 명입니다)

Then, what time do you want for your dinner?(그러면, 몇 시에 저녁 식사하기를 원하세요?)

We want at 7p.m(우리는 저녁 7시를 원해요) Is it available?(그게 가능한가요?)

Sure! Then, I confirm that your dinner is booked at 7p.m tonight(물론

이죠! 그러면 오늘 저녁 7시에 예약되신 것을 확정해 드립니다)

항상, 예약할 때는 자신의 이름을 먼저 얘기해 주시고요.
'예약하다'라는 영어 표현은 make a reservation이나 간단하게 book을
쓰셔도 되요. Book이 명사로 '책'이라는 뜻인 것 이외에, '예약하다'라는
동사로도 쓰입니다. 그래서 우리가 자주 들어 본 booking은 '예약'이라
는 뜻의 명사가 되죠.
그리고, available이라는 형용사는 영어 회화에서 자주 유용하게 사용하
실 수 있는데요. Available 단어의 뜻 자체는 '이용 가능한, 사용 가능한'
이라는 형용사입니다.
그래서 Is it available? 하면, '그게 이용 가능합니까?'라는 의미에요.
참고로, When is available?은 '언제 사용 가능합니까?'라는 영어 표현이
돼요.
다시, 본문으로 돌아가서요.
만약에 급한 일 때문에 원래 했던 예약을 취소하고 싶을 때의 상황을
예시해 드릴게요.

Hello, my name is Sunwoo Kim(안녕하세요? 제 이름은 김선우입니다)
Actually, I booked for our dinner at 7p.m tonight(사실, 제가 오늘 저녁
7시에 우리의 저녁식사를 예약했는데요)
But, Inevitably, I think I have to cancel the booking because of urgent
things(그러나, 불가피하게도, 급한 일들 때문에 그 예약을 취소해야만
할 것 같습니다) I am so sorry for that(그것에 대해 정말로 미안해요)

Oh, it's okay. We will cancel it for you(오, 괜찮아요. 저희가 당신을 위해 그것을 취소하겠습니다) We hope we can see you later(우리는 나중에 당신을 뵙기를 바라요)

Thank you for your consideration(당신의 배려에 감사해요)

You are most welcome(천만에요)

위의 예시 대화에서, '~때문에, ~로 인해서'라는 표현을 사용하시고 싶으시면, because of 혹은 due to를 사용하시면 되는데요.

한 가지 주의 하실 점은, because of와 due to 다음에는 동사가 아닌, 동명사나 명사가 온다는 것이에요.

Due to urgent thing 급한 일들 때문에

Because of bad weather 나쁜 날씨 때문에

그리고, '불가피하게, 어쩔 수 없이'라는 부사 'Inevitably'는 일상에서 자주 쓰이는 표현이니, 잘 외워 두시면 앞으로 여러 대화 속에서 사용하실 수 있으실 거예요.

반대말로 by accident 는 '우연히'라는 표현이에요.

이제 다시, 저녁 7시에 예약하신 후에 그 레스토랑에 방문하셨을 때 사용할 수 있는 영어대화 내용을 제시해 볼게요.

Hello, my name is Sunwoo Kim. I booked for dinner at 7p.m today(안녕

하세요? 제 이름은 김선우인데요. 오늘 저녁 7시에 저녁을 예약했어요)

Oh, let me check our booking lists(아, 우리의 예약 목록을 살펴볼게요)

Yes, your table is a window seat over there(네, 당신의 테이블은 저기 창가 자리에 있어요)

그리고 김선우씨 일행이 자리에 앉고 나서, 메뉴판을 보고 있을 때 웨이터가 얘기를 합니다.

Are you ready to order?(주문할 준비되셨나요?)

Yes, I will order the menu number 2 and my friends want the 3 sets of number 5(네, 저는 2번 메뉴를 주문할 것이고, 제 친구들은 3번 메뉴 3개 세트를 원해요)

Then, how would you like your beef and wine?(그러면, 소고기와 와인은 어떻게 해 드릴까요?)

Yes, I want medium beef and one bottle of white wine of shiraz(네, 저는 중간 익힌 소고기와 쉬라즈의 화이트 와인 한 병을 원해요)

Okay, we will serve them for you soon. It won't be long(좋습니다. 곧 준비해서 가져 올게요. 오래 걸리진 않을 거예요)

첫 문장에서 사용된 '~가 준비되다'는 영어 표현은 'be동사 ready to 동사/for 명사'입니다.

I am ready to order(나는 주문할 준비가 되었어요)

I am ready for my trip(나는 나의 여행 준비가 되었어요)

만약, 완벽히 준비가 되었다면,

I am all ready for my trip(나는 내 여행 준비가 완벽히 되었어요)

이 표현에서 ready 대신에 set를 사용해도 되어요.

I'm all set for my trip(나는 내 여행 준비가 완벽히 되었어요)

메뉴 중에 고기를 주문할 때, well-done은 완전히 익힌 것이고, medium은 중간 익힌 것, medium rare는 약간 덜 익힌 걸 주문하실 때 사용하세요.

참, 주문해 놓고 나서 음식이 나왔는데, 자신이 주문한 게 아닌 경우에는요. 이렇게 간단히 얘기하시면 되어요.

Thank you. But I didn't order this(고마워요. 그러나, 저는 이것을 주문하지 않았어요) I ordered the menu number 3(저는 3번 메뉴를 주문했어요)
I think your staff got the wrong order(제 생각엔 당신 직원이 틀린 주문을 받아가신 것 같아요)

또 다른 경우, 주문을 해 놓고 나서도 한참을 기다렸는데도 음식이 나

오지 않을 때도 얘기를 해야겠지요?

Excuse me, could you check my order?(실례하지만, 제 주문 좀 체크해 주실래요?) I have been waiting for 40 minutes(저는 40분 동안을 기다리고 있거든요) I wonder if your staff got my order?(당신 직원이 저의 주문을 받았는지 아닌지 궁금해요)

제시해 드린 예시문장들에 대해 자세한 설명을 해 드릴게요.
영어 표현에서 무엇인가를 계속 해 오고 있다는 표현은, 현재 진행형과는 다르게 'have/has been 동사ing' 형식으로 사용하셔야 해요.

I have been working at this company since 2010(나는 이 회사에서 2010년 이후로 계속 일해 오고 있어요)
I have been waiting for 40 minutes(나는 40분 동안 기다려 오고 있어요)

본인이 사용하시고 싶은 문장에 동사만 바꿔서 '동사ing'형태로 사용하시면 됩니다.
그리고, I wonder if 구문은 '나는 ~인지 아닌지 궁금합니다'라는 표현시에 쓰이는 구문인데요. 여기서 if는 '만약 ~이라면'이라는 뜻이 아니고, ~인지 아닌지'라는 뜻으로 쓰였어요.

I wonder if she received my e-mail(나는 그녀가 내 이 메일을 받았는지 아닌지 궁금해요)

자, 이제는 식사가 끝나고, 계산하는 경우를 살펴보겠습니다.

Did you enjoy today's meal?(오늘 식사 즐거우셨어요?)

Sure, it was good enough(물론이죠, 그것은 충분히 좋았어요)

The, how would like to pay for it?(그럼, 어떻게 식사비를 내실 건가요?)

I will pay for it by credit card(저는 신용카드로 지불 하겠습니다)

Do you accept master card here?(여기서 마스터 카드 받으십니까?)

I'm sorry. We don't accept the card here(죄송해요. 우리는 여기서 그 카드는 받지 않아요)

I see. Then, I will pay in cash(알겠어요. 그러면, 현금으로 지불할게요)

Thank you for your payment. Please have a sweet night(계산해 주셔서 고맙습니다. 달콤한 밤 보내세요)

Enough라는 단어는 형용사로 '충분한'이라는 의미로, 명사 앞에서 명사를 꾸며 주면서 사용하기도 하고, 또는 '충분히'라는 의미의 부사로 형용사 뒤에 사용하기도 해요.

She has enough time and money(그녀는 충분한 시간과 돈을 가지고 있어요)

The dinner was good enough(그 저녁식사는 충분히 좋았어요)

마지막으로, 영어 회화시에 '신용카드로, 수표로'라는 표현은
by credit card, by check로 쓰시고요.

'현금으로'라는 표현애는 전치사 by를 쓰지 마시고,

In cash로 하시면 됩니다.

이렇게 해서, 이번 강의에서는 레스토랑에서 유용하게 사용하실 수 있는 영어 문장과 표현들을 살펴보았어요.

호텔 예약 및 투숙 시

이번 제10강에서는 호텔 예약 및 객실 이용 시에 사용하실 수 있는 대화들을 자세히 소개하려고 합니다.

먼저, 전화상으로 호텔을 예약하는 경우에요.

Hello, my name is Jiwon Kim. I'd like to book a room for our trip(안녕하세요? 제 이름은 김지원입니다. 저는 우리의 여행을 위해 방 하나를 예약하고 싶어요)

Sure, when do you want to stay at our hotel?(물론이죠, 저희 호텔에 언제 머무르시기를 원하세요?)

We want to stay from July 2 to July 7(우리는 7월 2일부터 7월 7일까지 머무르길 원해요)

Okay, at the moment, Business Twin Room and Deluxe Twin room are available during the period for your booking(좋아요, 현재로서는, 당신의 예약을 위해서 그 기간 동안에는 비즈니스 트윈스 방과 디럭스 트윈

스 방이 이용 가능합니다)

Which room do you want?(어떤 방을 원하세요?)

Let me think…… We will book the Deluxe Twins room(우리는 디럭스 트윈스 방을 예약하겠습니다)

Yes, your booking was confirmed as you want(네, 당신이 원하신 대로 예약이 확정되었습니다)

And your booking number is 2347613(그리고 당신의 예약 번호는 2347613입니다)

You booked Deluxe Twin room from July 2 to July 7(당신은 7월 2일부터 7월 7일까지 디럭스 트윈스 방을 예약하셨어요)

You can check-in after 12 noon on July 2(당신은 7월 2일 12시 정오 이후부터 체크인 하실 수 있어요)

Thank you for your kindness, Then, we will see you on July 2(당신의 친절에 감사해요. 그럼, 7월 2일에 뵐게요)

We will look forward to seeing you soon(우리는 당신을 곧 뵙기를 기대할게요)

어떠세요? 생각보다 간단하고 명료하지요?

그리고 예약하신 후에 그 호텔에 투숙했을 때 할 수 있는 대화들을 살펴 봅시다.

Hello, my name is Jiwon Kim. And I booked Deluxe Twin(안녕하세요? 제 이름은 김지원입니다. 그리고 저는 디럭스 트윈 방을 예약했어요)

So, I want to check-in now(그래서, 지금 체크 인 하고 싶어요)

Thank you for your visiting(방문해 주셔서 감사해요)

What is your booking number?(당신의 예약 번호는 무엇인가요?)

My booking number is 2347613(제 예약 번호는 2347613입니다)

Yes, our bellboy will send you to the room now(네, 우리의 벨보이가 당신을 그 방으로 데려다줄 겁니다)

Please enjoy your stay here(여기서 즐겁게 머무세요)

By the way, could you call a taxi for us at 8p.m tonight?(그런데요, 오늘 밤 8시에 우리를 위해 택시를 불러 주실 수 있으세요?)

We have to go downtown for our appointment then(우리는 그때 약속 때문에 시내로 가야만 해요)

No problem. What's your destination?(문제 없어요. 목적지가 어디세요?)

We are going to Paradise restaurant in city(우리는 시내에 있는 파라다이스 식당에 갈 거예요)

I see. We will arrange a taxi for you at 8p.m tonight(알겠어요. 우리가 오늘밤 8시에 당신을 위해 택시를 마련해 드릴게요)

Please come to this lounge by 7. 45 p.m(저녁 7시 45분까지는 이 라운지로 오세요)

Yes, we will keep in mind. Thank you(네, 명심할게요. 감사해요)

Send는 '보내다'라는 의미의 동사인데요. 'send A to B'구문을 쓰시면, 'A를 B로 보내다. 보내 주다'라는 표현 때 쓰실 수 있어요.

그래서 이 표현은 외국에서 택시를 탔을 때도 이렇게 간단히 쓸 수 있어요.

Could you send us to Paradise restaurant?(우리를 파라다이스 식당으로 보내 줄 수 있나요?)이 문장에서 send는 운전해서 보내 준다라는 의미가 되죠.

다음으로, 호텔 내의 시설물들과 제공되는 서비스들을 사용하고 싶을 때 사용 가능한 대화를 예시해 볼게요.

예를 들어, 마사지 서비스를 받고 싶다면요.

Excuse me, we would like to take a massage service tomorrow(실례합니다, 우리는 내일 마사지 서비스를 받고 싶어요)

When is available?(언제 이용 가능한가요?)

It's available from 2p.m to 7p.m(오후 2시에서 7시까지 이용 가능합니다)

When would you like to book(언제 예약하실래요?)

We want to book at 4p.m tomorrow(우리는 내일 오후 4시에 예약하기를 원해요)

Okay, please write down your name and booking date and time on this booking list sheet(좋습니다, 이 예약 리스트에 당신의 이름과 예약 일시를 적어 주세요)

Thank you(감사해요)

또한, 객실 내에서 룸 서비스를 이용하시고 싶으시면, 호텔 내선 전화로 세탁 서비스, 음식, 드라이 클리닝 서비스 등을 마음껏 이용하실 수 있지요. 대화 내용을 간단히 살펴볼까요?

How can I help you?(어떻게 도와 드릴까요?)
Um, I think I need room service for my meal(음, 제 식사를 위해 룸서비스가 필요한 것 같네요)
Yes, what would you like to order?(네, 무엇을 주문하시기 원하세요?)
I want the room service menu number 4(저는 룸 서비스 메뉴 4번을 원해요)
Okay, we will serve it for you soon(네, 당신을 위해 곧 가져다 드릴게요)
Thank you so much(정말로 감사해요)

이외에, 드라이 클리닝서비스나 세탁 서비스를 이용하실 때의 대화도 있습니다.

Could I use your washing service/dry cleaning service?(제가 세탁서비스/ 드라이 클리닝 서비스를 이용할 수 있나요?)
I want to use your washing service/dry cleaning service(저는 세탁 서비스/ 드라이 클리닝 서비스를 이용하고 싶어요)

위 두 문장을 사용하셔서 서비스를 요청하신 후에는, 호텔 측에서 곧 사람을 방으로 보낸다고 할 수도 있고, 또는 1층 프런트 데스크로 세탁물이나 드라이 클리닝 할 옷을 가져 오시라도 할 수도 있어요. 그럴 경우엔, 다음과 같은 문장들이 가능 할 거예요.

Okay, we will send our staff to your room for collecting your clothes(좋아요, 우리가 당신의 옷을 수거하기 위해 우리 직원을 당신 방으로 보내겠습니다)
Okay, then, could you bring your clothes to our front desk when you are free?(좋아요, 그러면, 시간 되실 때 당신의 옷들을 저희 프런트 데스크로 가져오실래요?)

일단, 옷을 맡긴 후 가장 궁금한 질문이 있지요. 언제쯤 서비스가 끝나서 내 옷을 돌려받을 수 있는지 물어 봐야죠.

If I use this service now, when can I get my clothes back?(만일, 이 서비스를 이용하면, 언제 제 옷을 돌려받을 수 있을까요?)

또는, 이렇게 물어 보셔도 되겠지요?

How long does it take for this service to be done?(이 서비스 다 될 때까지 얼마나 걸리나요?)

이 질문에 대한 호텔측의 가능한 대답은요.

Maybe, it will be done by 2p.m tomorrow(아마도, 내일 오후 2시까지는

끝날 거예요)

We think you can get your clothes back by 2p.m tomorrow(내일 오후 2시까지는 당신의 옷을 돌려받을 수 있을 걸로 생각해요)

영어 표현에서 '끝나다, 다 되다'라는 표현은 우리가 흔히 잘 아는 finish 이외에도 'be동사 done'도 있어요.

자, 이제, 호텔투숙이 다 끝나고 떠나실 때, check-out 하시면서, 룸서비스등 추가 비용들을 지불하시고 떠나시면 되겠지요?

여기서 잠깐, 앞에서 배우신 중요 표현 한 가지 복습하면요.

I will pay for it by credit card/ in cash(저는 크레딧 카드로/현금으로 지불하겠습니다)

이번 강의내용이 앞으로 해외 호텔에 투숙하실 때, 많은 도움이 되실 거라고 믿네요.

제11강

공항에서

이제는, 해외 나라 출입국 하실 때 공항에서 주고받을 수 있는 대화들을 제시해 드려 볼게요.

Hello, could you show me your passport?(안녕하세요? 여권 좀 보여 주실래요?)

Here it is/ Here you go(여기 있습니다)

Thank you. What is the purpose of your visit?(감사해요. 당신의 방문 목적이 무엇인가요?)

I am here for my business trip(저는 사업 출장을 위해 여기에 왔어요)

I am here to travel/to study/to attend an international seminar(저는 여행하러/공부하러/ 국제 세미나 참석하러 여기에 왔어요)

Then, do you have a valid visa for that?(그러면, 그것을 위한 유효한 비자가 가지고 있어요?)

Yes, I will show you my valid visa(네, 당신에게 나의 유효한 비자를 보여 드릴게요)

Perfect! And do you have anything to declare?(완벽해요! 그리고 당신은 세관 신고할 어떤 것이 있나요?)

* declare 세관 신고하다. 선언하다.

No, I don't have(아니요, 없습니다)

Where will you stay during you are here(여기 머무는 동안, 어디에서 지내실 건가요?)

I will stay at Riverside hotel in city(저는 시내에 있는 리버사이드 호텔에 머무를 거예요)

만약, 호텔이나 숙소가 아닌 친구나 친척집 등에서 머무실 경우에는, I will stay here(저는 여기에 머무를 거예요)라고 영어로 얘기하신 후에, 그 집 주소를 보여 주시거나, 주소를 영어로 얘기하시면 돼요.

이 밖에, 여행비자나 워킹 할리데이 비자로 외국을 방문하신 경우, 이민성에서는 비자의 체류 기간이 지나도 혹시나 불법으로 계속 그 나라에 머무를 것을 우려해서, 여행자에게 본국으로 돌아가는 비행기표를 보여 달라고 하기도 해요.

Do you have your returning airline ticket?(당신은 돌아갈 비행기 표가 있나요?)

이런 종류의 질문을 받으시면, 돌아갈 비행기 표를 보여 주시면 됩니다. 그리고, 비자 기간이 끝났는데도 계속 비자를 연장하거나 다른 종류의 비자로 바꾸어서 이 나라에 머무를 의향이 있냐고 물어 보기도 하는데요. 이란 질문을 받으셨을 경우에는 일단, '아니라'라고 대답하시는 것이 좋습니다. 그렇지 않으면 질문도 더 많아지고 입국 절차가 조금 복잡해질 수도 있거든요.

그냥, 외국에 머무르시다가 비자를 연장하거나 바꾸어서 더 오랜 기간 동안 그 나라에 계시고 싶으시다면, 입국 절차가 끝난 후에 그 나라 현지 내에서 비자 변경 절차를 진행하시는 것이 좋은 것 같아요.

그럼, 이 상황에 상응하는 대화 내용을 예시해 볼게요.

Do you intend to extend your stay or change your visa before this visa expire?(당신은 이 비자가 만료되기 전에, 당신의 체류 기간을 늘리거나 다른 비자로 바꿀 의향이 있나요?)

* intend to 동사-동사할 의향이 있다

No, I won't(아니요, 저는 그러지 않을 겁니다)

* won't=will not

그리고 각 나라에 입국할 때에 가지고 들어갈 수 있는 현금 액수가 제한되어 있어요. 만약, 3000달러 이상 현금으로 가지고 입국할 수 없다면, 아래와 같은 질문에 'No'라고 대답하세요.

Do you have/bring more than 3000 AUD/USD in cash with you now?(당신은 호주 달러/미국 달러 3000달러 이상을 지금 현금으로 가지고 계시나요?)

그 외에, 위험한 것들을 가지고 왔는지도 물어보지요.

Are you bring any dangerous items such as bomb, drug, gun, pins and needle?(당신은 폭탄, 마약, 청, 핀, 바늘과 같은 위험한 항목들을 가지고 옵니까?)

이 질문에도, 당연히 "No, I don't"(아니요, 저는 그렇지 않습니다)라고 대답하시고요.
마지막으로, 혹시 입국하실 때, 현재 본인이 복용하고 있는 약을 가져가시는 경우의 대화 예시 내용이에요.

What is this?(이것은 무엇입니까?)
That is my medication prescribed by my doctor for high blood pressure/arthritis/diabetes(그것은 고혈압/관절염/당뇨병 때문에 저의 의사 선생님이 처방해 준 약입니다)
* medication 복용 약 * prescribe 처방하다 * prescription 처방전 * high blood pressure 고혈압 * arthritis 관절염 * diabetes 당뇨병

자, 이렇게 해서 해외 입국절차 시에 유용하게 사용하실 수 있는 여러 가지 영어 대화들을 공부해 보았습니다.

병원과 약국을 이용할 때와
쇼핑할 때

해외에 나가셨을 때, 즐겁게 쇼핑을 하시거나, 또는 몸이 아파서 약국이나 병원을 이용하실 경우가 있으시죠?

그래서, 이번 강의에서는 그럴 경우에 사용할 수 있는 대화들로 구성해 보았습니다.

우선, '병원 이용'과 관계된 대화부터입니다.

Hello, this is Dellma Clinic. How can I help you?(안녕하세요? 델마 병원입니다. 어떻게 도와 드릴까요?)

My name is Julie Kim. I'd like to make a reservation/book to see a doctor tomorrow(제 이름은 줄리 김인데요. 내일 의사 선생님을 뵈러 예약을 하고 싶습니다)

When is available?(언제가 가능할까요?)

What's your symptom?(당신이 증상이 무엇인가요?)

I sprained my ankle today(저는 오늘 발목을 삐었어요)

I see. Let me check our booking lists(알겠습니다. 우리의 예약 리스트

를 체크해 볼게요)

Um⋯⋯ You can book at 3p.m for tomorrow(음⋯⋯당신은 내일 오후 3
시에 예약하실 수 있어요)

Is that okay for you?(괜찮으세요?)

Sure, But I think that 3:30p.m would be better to me(물론이에요. 그러
나 오후 3시 30분이 저에게는 더 좋을 것 같습니다)

Oh, really? Then, I can arrange your booking time at 3:30p.m for to-
morrow(아, 그러세요? 그러면, 내일 당신의 예약시간을 오후 3시 30분
으로 마련해 드릴 수 있어요)

Thank you so much for your kind consideration(당신의 친절한 배려에
정말로 감사합니다)

Then, I will be there at 3: 30 pm tomorrow(그러면, 내일 오후 3시 30분
에 갈게요)

이렇게 예약이 되어서, 병원에 가셔서 치료받으시면 되는데요.
그전에, 간단히 아픈 증세에 따른 필수 영어 표현 몇 가지 알아보죠.

I have a fever(나는 열이 나요)

I cough a lot(나는 기침을 많이 해요)

I sprained my ankle/arm/ wrist(나는 내 발목을/팔을/손목을 삐었어요)

I have an upset stomach(나는 체했어요)

I feel the symptom of food poisoning(나는 식중독 증세가 있어요)

I have an indigestion symptom(나는 소화불량 증세가 있어요)

I have a serious constipation/ diarrhea symptom(나는 심한 변비 증세/ 설사 증세가 있어요)

이렇게 증상에 따른 기본단어들과 어휘를 익히셔서, 그때 그때 필요에 따라 약간씩 주어와 시제를 변형해 가시면서 사용하시면 되고요.
증세가 심하지 않으실 때는 현지 약국을 방문하셔서 이런 증상들을 약사에게 얘기하시면, 약사님이 특별히 어떤 약에 부작용이나 알레르기가 있으시냐고 물어 보실 겁니다. 이렇게요.

Do you have any allergy or side effect to some medication?(당신은 어떤 약에 알레르기나 부작용이 있나요?)

특별한 부작용이 없으시다면, 조제받으신 약 설명서를 보시면, 다양한 설명들이 있어요.

2 tablets after meal(식사 후에 2알씩 복용)
1 tablet between meals(식사 중간에 1알씩 복용)
1 tablet before you sleep(자기 전에 1알씩 복용)
2 tablets every 5 hours per day(하루 중 5시간마다 2알씩 복용)
Maximum total 12 tablets per day(하루 동안 최대 12알까지 복용)

반드시 약 복용 설명에 맞게 복용하셔야 합니다. 참, 외국에서는 Hospital은 큰 종합 병원을 얘기할 때, 사용하고요. 기본적으로 심하지 않는 증상들을 치료하는 동네에 있는 병원은 Clinic이라고 부른답니다.
그리고 약도 실제로 복용하는 약이나 약물은 medicine보다는 medica-
tion으로 얘기합니다.

Did you take your medication this morning?(오늘 아침에 네 약 복용했
니?)

병원에서나 약국에서 일반적으로 알아 두시면 좋은 영어 표현들을 안
내해 드릴게요.

When did this symptom start?(이 증상이 언제 시작되었나요?)
Have you ever experienced the same symptom before?(이전에도 이런
똑같은 증상을 경험하신 적이 있으세요?)
Do you have any chronic disease?(당신은 어떤 만성적인 질병이 있나
요?)
Do you have any allergy or side effects to some medication?(당신은
어떤 약들에 알레르기나 부작용들이 있나요?)

이런 질문들을 받으시면, 당황해 하지 마시고 있는 사실대로 yes/no로
대답하시고요. 실제로 만성 질병이나 약물 부작용이 있으신 분들은 거
기에 해당되는 영문 단어를 미리 메모해 가셔서, 진찰 시에 얘기하시면
됩니다.
가령, 나는 A질병을 앓고 있다거나, B라는 약에 알레르기나 부작용이

있다면,

I have been ill with A(나는 A질병을 앓고 있어요)
I have an allergy/side effect to B(나는 B약에 알레르기/부작용이 있어요)

그러면, 의사 선생님이나 약사님이 약 처방 시에 이 점들을 깊이 고려하셔서 처방전(Prescription)을 만들어 주실 거예요.
외국에서 잠깐 머무실 때에, 병원과 약국은 이런 경미한 증상일 때에 가게 되겠지요. 만일, 아주 심각한 증상이라면, 고국으로 돌아오셔서 전문적으로 치료를 받으시면 되니, 오늘 강의 내용만으로도 해외에서, 본인과 가족들이 충분히 병원과 약국을 이용하시는 데에는, 큰 불편함이 없을 것이라고 확신합니다.

자! 이제는 즐거운 쇼핑 때에 오고 가는 대화들을 살펴 볼까요?
마트나 옷 가게 그 밖의 shop에서 여러 경우의 대화를 사용하게 되는데요. 일반적인 표현들을 예시해 볼게요.

Could you show the bigger one/the smaller one in the same style?(똑같은 스타일로 좀 더 큰 것/좀 더 작은 것으로 보여 주실래요?)
Do you have another color/black color/yellow color in the same size?(같은 사이즈로 다른 색깔/까만 색/노란 색 있나요?)
Is there the same color shirt in a different style?(다른 스타일로 같은 색 셔츠 있나요?)

이런 표현들은 사고 싶은 옷 종류나 가전 제품, 다른 물건들을 사실 때, 참 편리하게 사용하실 수 있어요.

그리고 잠깐 사용해 봐도/입어 봐도 되는지 물어보실 때는 try라는 단어를 사용하면 좋아요.

Could I try this?(이것 좀 입어 봐도/사용해 봐도/먹어 봐도 되나요?)

물건을 사려고 결정하신 후에는 아래와 같이 얘기하세요.

I will buy/take/get/choose this one(나는 이것을 살래요)

무거운 물건이라서 혹시, 배달을 원하시면요.

Do you have a delivery service here?(여기 배달 서비스 있나요?)

I want this one to be delivered(저는 이것이 배달되기 원해요)

I'd like to use your delivery service for this one(저는 이 물건을 위해 당신의 배달 서비스를 사용하고 싶습니다)

그리고 나서, 배달될 주소를 직원에게 알려 주시면 됩니다.

이렇게 해서, 제9강에서 12강까지는 해외에서 다양한 경우에(식당, 호텔, 공항, 병원, 약국, 쇼핑) 바로, 사용하실 수 있는 생활 영어 표현들을 공부해 보았습니다.

Chapter 3

———

영어 글쓰기의 실제

오픽 글쓰기

이번 강의부터는, 그동안 배우셨던 강의 내용을 토대로 본격적인 여러 글쓰기를 해 볼 건데요.

우선, Opic 시험의 전형적인 질문에 따라 글쓰기 예문들을 설명할게요.

잘 아시듯이, Opic은 질문에 따라 영어로 자신의 생각을 잘 정리해서, 영어로 일관성 있게 잘 표현할 수 있는 것을 평가하는 시험이에요.

시험의 평가자들은 미국 내의 교육 전문가들로 구성되어 있습니다.

OPic 시험 진행 과정은 오리엔테이션, 본시험, 평가로 구성되어 있고요.

보통, 시험 문제는 시험 응시자의 선택에 따라 문제의 난이도와 주제, 질문 문항수가 약간 달라집니다.

시험점수는 가장 높은 레벨인 AL부터 IH, IM1, IM2, IM3, IL, NH, NM, NL 이렇게 총 9단계로 레벨이 나누어져 있어요.

Opic문제에서 영어로 답변하실 때는, 먼저 질문을 정확히 파악하셔서 질문에 대한 답변은 꼭 필수적으로 일관성 있게 하시면 되고요.

어휘나 문장은 문법에 맞게 잘 사용하시면 돼요.

평소에 영문 글쓰기와 회화 공부를 많이 하신다면, 문장이 더 매끄럽고 더 풍부한 어휘로 높은 수준의 영문 답변을 하실 수 있으시니, 자연히 좋은 점수도 받을 수 있게 됩니다.

그럼, 예시 문제 몇 개와 영문 답변, 그리고 답변에 대한 설명을 해 보겠습니다.

Opic 질문 1

Please tell me about the recipe of the dish that you like to cook. Describe all the steps that you go through to make that food.(당신이 요리하기 좋아하는 음식의 조리법에 대해 말해 주세요. 그 음식을 만드는 모든 과정을 묘사해 주세요)

답변 예시

If you ask about my favorite food to cook, without any hesitation, I can say it is a curry. I really love the flavor and taste of the curry. Also, curry soup affects our health positively such as brain working, anti-aging effect, and weight loss.

That's why I cook and eat the curry soup frequently.

Let me explain the steps for making a curry.

First, please prepare for main ingredients; potato, carrot, onion, meat, and curry paste or curry powder.

It is better to dice potato, carrot, and meats. And regarding meats, you can choose all kinds of meats as your preference.

After dicing the ingredients, stir-fry them on a preheated pan with vegetable oil or butter. As carrot is hard, please stir-fry it first and then potato and meats are followed by onion.

After that, Please put well stir-fried ingredients to a pot. And pour water into the pot.

The reasonable amount of water is twice stir-fried ingredients.

After pouring water into the pot, boil them for about 15 minutes. And then, put curry paste(powder) to the soup and stir it until everything is mixed and cooked well. Now, it is ready to serve.

According to personal taste, you can put honey, pepper and sugar into the curry soup later.

The curry goes with steamed rice, plain bread, bun, noodle, and all fried food.

I hope you try to make your curry sometimes.

만약, 당신이 내가 요리하기 좋아하는 음식이 무엇이냐고 물어본다면, 어떤 주저함도 없이, 그것은 카레라고 나는 말할 수 있어요. 나는 카레의 향과 맛을 정말로 사랑해요. 또한, 카레 수프는 뇌활동이나, 노화 지연 효과, 및 체중 감량에 긍정적으로 영향을 준답니다.

그래서, 나는 카레 요리를 자주 해서 먹어요.

이제, 카레를 만드는 절차들을 얘기해 드릴게요.

먼저, 주된 재료들을 준비하세요. 감자, 당근, 양파, 고기들 그리고 카레 소스나 분말.

감자, 당근, 양파, 고기들은 깍둑썰기 하는 것이 나아요. 그리고 고기에 관하여서는, 당신의 선호도에 따라서 모든 종류의 고기를 사용하실 수 있어요. 재료들을 깍둑썰기 한 후에, 그것들을 예열된 팬에서 식물성 기름이나 버터와 함께 볶아 주세요.

당근은 딱딱하기 때문에, 제일 먼저 볶아 주시고, 다음에 감자와 고기그리고 나서 양파를 볶아 주세요. 그 다음, 잘 볶아진 재료들을 냄비에 넣고, 물을 부어 주세요. 적당한 물의 양은 볶아진 재료의 두 배입니다.

냄비에 물을 부은 후에, 대략 15분간 끓여 주신 다음, 카레 소스(분말)을 수프에 넣어 모든 재료들이 잘 섞이고 익을 때까지 저어 주세요.

개인 취향에 따라, 당신은 꿀, 후추, 설탕을 카레에다 나중에 넣어도 됩니다. 카레는 찐 밥, 식빵, 번 빵, 국수, 그리고 모든 종류의 튀긴 음식과 잘 맞아요. 저는 당신이 언젠가, 당신만의 카레를 만들어 보기를 바랍니다.

이제는 영문 구문 해설을 해 드릴게요.

Without any hesitation 어떠한 주저함도 없이

* hesitation 주저, 망설임 * be동사+hesitant to 동사원형 −동사하는 것을 망설이다.

She is hesitant to buy the bag(그녀는 그 가방을 사는 것을 망설인다)

Flavour는 보통, 향이나 향기를 나타내고,(Mint flavor 민트 향기) taste 는 맛이나 취향을 얘기하실 때 쓰시면 되요.

It is my taste(그것은 나의 취향이야)

Such as는 대화 시에, 예를 들어 종류들을 나열할 때 사용하시고요.

I like fruits such as an apple, a strawberry, and an orange(나는 사과, 딸기, 오렌지 같은 과일들을 좋아합니다)

That's why 문장: 그래서 문장~하다. 이 구문은 원인과 결과를 얘기하실 때 자주 사용하실 수 있어요.

I didn't eat regular meals these days(나는 요즈음 규칙적인 식사를 못했어요)
That's why I have an indigestion symptom(그래서 나는 소화 불량 증상을 가지고 있어요)

Let me explain 나로 하여금 설명하게 해 주세요.
Let은 '~하게 하다'라는 사역 동사로 목적어 다음에 항상, 동사원형을 쓰시면 되는데요. Explain '~를 설명하다'라는 동사는, 그 다음에 about이라는 전치사를 쓰시면 안 돼요. 그 다음에 바로 설명할 대상을 쓰세요. about을 써야 할 것 같은데, 안 쓰는 동사 하나 더 알려드리자면, discuss입니다.

Let me explain the steps(그 단계에 대해 설명하게 해 주세요)
When you are ready, please let me know(네가 준비되면, 나에게 알려줘)

Let's discuss the issue now(그 이슈에 대하여 지금 토론하자)

* Dice 주사위, 깍둑썰기를 하다. * Chop 잘게 썰다.

* Regarding = In regard to ~에 관하여서는

Regarding your request, I think I can't help you this time(당신의 요구에 관하여서는, 이번에는 제가 당신을 도와줄 수 없을 것이라고 생각해요)

* Preference 선호, 선호하는 것

* Prefer A to B: B보다 A를 선호하다, 더 좋아하다.

I prefer coffee to green tea(나는 녹차보다 커피를 더 좋아해요)

I prefer swimming to running(나는 달리기보다 수영을 더 좋아해요)

다음으로 순서를 나타내는 표현은요,

A be동사 followed by B =B follows A: A 다음에 B가 오다.

예문 보시면 더 이해가 쉬워질 거예요.

Tim's greeting will be followed by Mr. John's speech(팀의 인사 후에 미스터 존의 연설이 있을 것입니다) = Mr. John's speech follows Tim's greeting.

* reasonable 타당한, 합리적인, 합당한

Clients want to buy products with a reasonable price(고객들은 합리적인 가격으로 제품들을 사기를 원한다)

그리고, 'A보다 두 배로'라는 의미를 표현하시고 싶으시면, Twice than

A로 쓰지 마시고, 바로 twice A라고 사용하세요.

Twice stir-fried ingredients(볶아진 재료들의 두 배로)

This quarter's turnover is twice the last quarter's(이번 분기의 매출이 지난 분기 매출의 두 배입니다)

* quarter: 분기, 사분의 일, 15분, 25센트

It is a quarter past two(2시 15분입니다)

* past 지난

It is a quarter to two(1시 45분입니다)

* to 향해 가는, ~전

문장에서 '~할 준비가 되다' 표현은 여러 가지로 할 수 있지요.

가장 익숙한 구문은 'be동사 ready to 동사/for 명사' 형태이고, 여기서 ready 대신에 set으로 바꾸어 쓰셔도 됩니다.

I am ready to go on a trip(나는 여행 갈 준비가 되어 있어요)

I am ready for my trip(나는 나의 여행 준비가 되어 있어요)

I am all ready for my trip(나는 나의 여행 준비가 완벽하게 되어 있어요)

ready 앞에 all을 사용하면, 완벽히 준비되었다는 표현이 돼요.

앞에, 예시 답변에서 카레 수프는 여러 음식들과 잘 어울린다는 문장이 있었죠? 이럴 경우에는 'A goes with B: A는 B와 잘 어울린다' 구문을 사용해 보세요. 다른 예문 하나 보실까요?

Cold beer goes with fried chicken(차가운 맥주와 튀긴 닭은 잘 어울린다)

* try to 동사: 동사하려고 시도하다. 노력해 보다.

I try to be kind to others(나는 다른 사람들에게 친절 하려고 노력해요)

* sometimes: 때때로 * sometime: 미래의 언제 시간, 때

I want to get married sometime(나는 미래 언젠가 결혼 하기를 원해요)

▎ Opic 질문 2

I'm so glad to meet you. Tell me about yourself(나는 당신을 만나게 되어서 아주 기쁩니다. 당신에 대해서 얘기해 주세요)

▎ 답변 예시

Yes, I'm happy to introduce myself to you. I'm 29 years old and my hometown is Pusan in Korea.

Maybe, you know that Pusan is a port city. When I was young, I spent much time around the port and sea.

The reason why I am good at swimming is that I frequently swam in the sea of my hometown 'Pusan'.

Also, I love eating sliced raw fishes because there were so many sea-food restaurants in Pusan.

I had many chances to appreciate various seafoods in my youth.

When it comes to my major, I majored in an education in Pusan University. After getting my degree, I started teaching students at Seocho elementary school in Seoul.

Now it's been about 5 years since I have taught students at this school.

I try to listen to opinion of my students and their parents well. Sometimes, I feel lonely because Seoul is not my hometown.

Except for that, I'm pretty satisfied with my job and life style here.

It's getting cold as winter is around the corner.

Please, keep yourself warm.

네, 저는 당신에게 제 소개를 할 수 있게 되어서 행복하네요.

저는 29살이고, 고향은 한국의 부산이에요. 아마도, 부산이 항구 도시라는 것을 당신도 알고 있을 수도 있겠지요.

제가 어렸을 때, 저는 항구와 바다 주변에서 많은 시간을 보냈답니다.

제가 수영에 능숙한 이유는, 제 고향 부산의 바다에서 자주 수영을 했기 때문입니다. 또한, 부산에는 많은 해산물 식당이 있었기 때문에, 저는 회 먹는 것을 너무나 좋아해요. 제 어린 시절에, 다양한 해산물 요리를 먹을 수 있는 많은 기회가 있었어요.

저의 전공에 관하여서는, 저는 부산 대학에서 교육학을 전공했어요.

학위를 딴 후에, 저는 서울의 서초 초등학교에서 학생들을 가르치기 시작했어요.

이제, 제가 이 학교에서 학생들을 가르친 지 대략 5년이 돼 갑니다.

저는 학생들과 그들의 부모님들의 의견을 잘 들으려고 노력합니다.

때때로, 서울이 제 고향이 아니라서 외로움을 느껴요. 그것만 제외하면, 저는 여기에서의 제 직업과 생활 방식에 꽤 만족해요.

겨울이 곧 다가오니, 날씨가 추워집니다.
당신의 몸을 따뜻하게 하세요.

위의 예시 글을 설명해 보면요.
I am happy to 다음에 동사를 사용하면, 나는 기쁘게 동사한다고 표현
이 됩니다. 이 표현은 긍정적이고 적극적인 감정을 표현할 때 사용하시
면 돼요.

I am happy to say you were hired(행복하게 말하자면, 당신이 고용되었
어요)

'spend 시간 in 동사ing' 형태는 '동사하는 데 시간을 보내다'라는 뜻입
니다.

We spent 2 hours in looking around the city(우리는 그 도시를 둘러보
는 데에 2시간을 보냈습니다)
* spent: spend의 과거 동사

대화 중에 ~한 이유를 이야기하고 싶으시면,
'The reason(why) 문장 A is that 문장 B' 형태로 하셔서 '문장 A 하는 이
유는 문장 B입니다'로 표현하세요.

The reason why I am upset is that he didn't keep his word(내가 화난

이유는 그가 약속을 지키지 않아서입니다)

The reason why I dedicate to piano practicing is that I really love piano music(내가 피아노 연습에 헌신하는 이유는 내가 정말로 피아노 음악을 사랑해서입니다)

Be동사 good at 명사/동명사 ~에 익숙하다

Be동사 poor at 명사/동명사 ~에 서투르다

I'm good at speaking English(나는 영어로 얘기하는 것이 익숙해요)

She is poor at being kind to strangers(그녀는 낯선 사람에게 친절하는 것이 서툴러요)

Have a chance to 동사: ~할 기회를 갖다

이 표현은 의외로 자주 쓰이는 표현이니 이번 기회에 외워 두시면 좋겠어요.

I had a chance to see the actor yesterday(나는 어제, 그 남자 배우를 볼 기회가 있었어요)

When it comes to 명사 '~에 관하여서는' 이 구문은 약간 고급적인 표현입니다.

When it comes to your request(당신의 요청에 관하여서는)=Regarding your request=In regard to your request

다음으로, '~한 지 시간이 얼마가 돼 간다'라는 표현을 하시고 싶다면, 'It's been 시간 Since 과거 사실' 구문을 사용하세요. 이런 문장은 너무나 자주 사용하지만, 막상 영어로 얘기하려고 하시면 바로 생각이 나지 않거든요. 오픽 시험이나 영어 인터뷰, 영문 프리젠테이션 등 대화상에서 자주, 유용하게 쓰일 수 있는 표현이니, 지금 잘 익혀 두시면, 앞으로 유용하게 잘 사용하실 수 있을 겁니다.

It's been 4 years since we got married(유리가 결혼한 지 4년이 돼 갑니다)
It's been 13 years since I have started working for this company(내가 이 회사를 위해 일을 시작한 지도 13년이 돼 갑니다)

어떠세요? 자신에게 꼭 맞는 문장들로 몇 개 만들러 보시고, 연습해 보세요.
참, 자신의 감정들을 표현하는 구문들은 앞의 제4강에서 자세히 알려 드렸던 것 기억 나시죠?
* Feel lonely(외로움을 느끼다) * Feel full(배부르다)
* Feel comfortable(불편함을 느끼다) * Feel good(기분이 좋다)
그리고 단어 without과 except for는 혼동하시지 마시고, 적절하게 사용하셔야 해요.

I like all vegetable except for beans(나는 콩을 제외하고는 모든 채소를 좋아해요)

I can't live without you(나는 당신 없이는 못 살아요)

Be동사 satisfied with: ~에 만족하다.
* satisfy 만족시키다.

Customers weren't satisfied with the beef steak of the restaurant(고객들은 그 식당의 비프 스테이크에 만족하지 않았다)
The beef steak of the restaurant didn't satisfy customers(그 식당의 비프 스테이크는 고객들을 만족시키지 못했다)

Be동사 around the corner: 바로 코앞으로 다가오다. 곧 다가온다.

X-mas is around the corner(크리스마스가 곧 다가와요)
My father's birthday is around the corner(나의 아버지 생일이 곧 다가와요)

그런데 동사 keep은 그 의미가 여러 가지인 것 아시나요?
* keep 유지하다, 지키다, 막다, 저지시키다, 보관하다.
예문을 만들어 볼게요.

Please keep yourself warm(당신 몸을 따뜻하게 유지하세요)
My friend 'Jisoo' always keep her word(네 친구 지수는 항상 그녀의 약속을 지켜요)

I keep my son from smoking(나는 내 아들이 담배 피는 것을 저지시켜요)

I have no place to keep the big chair(나는 그 큰 의자를 보관할 장소가 없어요)

▌Opic 질문 3: 상황극

I'm going to give you a situation and ask you to act it out. You took the first class but the class is not what you expected.

Go to the instructor to explain your situation and ask for a solution about this matter(제가 상황을 제시해 드릴 테니, 연기를 해 주세요. 당신이 첫 수업을 들었지만, 그 수업이 당신이 기대한 것이 아니었어요. 강사에게 가서 당신의 상황을 설명하고 이 문제에 대한 해결책을 요구해 보세요)

▌예시 답변

Hello, Mr. Dan.

Thank you for your teaching today. As I know, you are an excellent P.T instructor in this gym. That's why I enrolled in your P.T. class.

By the way, is that okay if I mention my opinion for today's class?

Actually, when I followed your instruction, I felt serious pain in my muscle. Sometimes, I couldn't breathe well as you just let me take a rest only for 15 seconds between different postures and movements.

So, it would be very thankful if you could consider my situation. Initially, I wanted more relaxed postures and movements could stretch my body out other than the fast and fierce ones.

Oh, really? You mean that the fast and fierce movements are compulsorily needed to lose my weight efficiently.

I see, I understand it well. I appreciate your kind explanation as well. Then, in the next class, I'll try to make an effort as much as I can.

안녕하세요? 미스터 댄.

오늘 수업에 감사해요. 제가 알기로는, 이 체육관에서 당신은 아주 훌륭한 강사거든요. 그래서 제가 당신의 P.T. 수업에 등록했어요.

그런데, 오늘 수업에 대해 저의 의견을 얘기해도 될까요?

사실, 제가 강사님의 지시를 따를 때에, 저는 제 근육에 심한 통증을 느꼈어요. 때때로, 저는 숨을 잘 쉴 수가 없었어요. 왜냐하면, 다른 동작들과 자세 사이에, 당신은 단지 15초 동안만 저를 쉬게 허락해 주셔서요.

그래서, 당신이 제 상황을 고려해 주신다면 정말 감사드리겠습니다. 처음에 저는, 빠르고 과격한 동작들보다는 제 몸을 쭉 뻗게 할 수 있는 더 편한 자세와 동작을 원했거든요.

아, 정말로요? 그러니까, 선생님은 제 몸무게를 효과적으로 줄이기 위해서는 그런 빠르고 과격한 동작들이 필수적으로 필요하시다는 의미시네요.

이제 잘 알겠어요. 잘 이해가 되네요. 또한, 선생님의 친절한 설명에 감사드립니다. 그러면, 다음번 수업에서는 제가 할 수 있는 한, 최선의 노력을 해 보도록 하겠습니다.

이제, 영문 예시 글 설명드릴게요.

Thank you for 명사/동명사: ~에 감사하다.

Thank you for your help(당신의 도움에 감사해요)

Thank you for your visiting here(이곳에 방문해 주셔서 감사해요)

That's why: 그래서 ~하다.

Your company offers good welfare systems for employees(당신의 회사는 고용인들에게 좋은 복지 시스템을 제공합니다)

That's why I applied for this job position(그래서 제가 이 직책에 지원했습니다)

Mention은 '언급하다'라는 동사인데요. 앞에 강의에서도 얘기 드렸듯이 ~대해 언급할 때, 전치사 about은 쓰실 필요가 없답니다.

Don't mention it(그것에 대해 언급하지 말아요)

Follow는 법률이나 규칙을 따르다. ~를 따라가다. 이런 의미가 있는데요, 이 외에도 follow 로 자주 쓰이는 구문은 아래와 같습니다.

A be동사 as follows: A는 다음과 같다.

The price lists are as follows(그 가격표들은 다음과 같습니다)

* Breathe: 숨을 쉬다 * breath: 숨쉬는 것, 호흡

그리고, 상대방에게 부탁할 때 쓰면 좋은 표현이요.

It would be thankful if 문장: 문장 해 주시면, 참 감사하겠습니다.

It would be thankful if you could give your input for this matter(이 문제에 대해 당신의 조언을 주신다면, 감사하겠습니다)

* input 좋은 조언이나 의견, 입력

상대방과 대화 중에, 그 상대방이 의미한 대화 내용을 확인하면서 오해 없이 대화를 하시고 싶으시면,

'You mean that 문장' 구문을 쓰셔요.

You mean that he is an able man(당신 애기는 그 사람이 능력있는 남자라는 거지요)

* able 능력 있는=competent 유능한 * incompetent 무능력한

* compulsorily 필수로=essentially=mandatorily

또한, 감사하다는 표현을 하실 때 appreciate를 사용하실 때는 뒤에 전치사 about이나 to는 생략하시고요.

I appreciate your kindness(나는 당신의 친절에 감사드립니다)

I appreciate you much(나는 당신에게 정말로 많이 감사드립니다)

이번 글 예시의 마지막 설명은요.

'Try to 동사원형'구문입니다: ~를 해 보려고 시도하다. 노력해 보다.

I tried to sleep last night. But, I couldn't sleep until 4a.m(나는 지난 밤에 잠을 자보려고 노력해 보았지만, 아침 4시까지 잘 수가 없었어요)

* make an effort 노력하다=do one's best

영어 인터뷰 답변 글쓰기

자, 이번 강의에는 해외 글로벌 회사 입사 시에, 인터뷰에서 자주 받는 질문들에 대한 영문 답변들을 설명과 함께 예시해 드릴게요.

실제로 제 영어 학생 분들께서 경험도 하시고, 저와 공부하셔서 좋은 외국 회사에 원하시는 직책으로 합격하셨답니다.

▌예시 질문 1

Would you tell us the pros and cons of your personality?(당신 성격의 장단점에 대해 얘기해 주실래요?)

▌예시 답변

Sure, I am happy to tell you about it.

When it comes to the pros and cons of my personality, I frequently hear from my friends and colleagues that I am a very bright, positive, and punctual person.

I think that my family background affected my good personality. To explain, from my youth, I was able to do what I wanted under my parents' strong supporting.

And they let me take good tuitions for my study, sports, and music. Also, we shared many parts of routines together through intimate interest and conversation. By doing so, I learned how to handle matters around me efficiently.

In addition, my parents always advised me to regard time as an important thing. To follow their advice, I tried to finalize my tasks on time.

As a result, my punctuality made me implement my tasks well on time at work.

By the way, as I mentioned in the beginning, people like me because of my strong points. So, as for me, it was very easy for me to have a good and close relationship with them.

But, sometimes, my good sociability caused complex and difficult situations. People demanded so many things to me and I couldn't say 'no' clearly then.

During I accepted their requests, I felt hard in focusing on my own tasks. This situation made me so tired and distracted.

I think that that is the cons of my personality.

So, to overcome this weak point, these days, I accept people's requests only if I can handle the requests within my available time and ability.

Now, I started saying 'no' to people's requests kindly. After that, I feel better than before.

Thank you for your time.

물론이에요. 저는 그것에 대해 당신께 기꺼이 행복하게 얘기할 수 있어요. 제 성격의 장단점에 관해서는, 저는 자주 제 친구들이나 직장 동료들로부터, 제가 아주 밝고, 긍정적이고, 시간을 잘 엄수하는 사람이라고 하는 것을 들어요.

제 생각에는, 제 가정 환경이 나의 좋은 성격에 영향을 준 것 같아요.

설명해 드리자면, 저는 어린 시절부터, 제 부모님의 전폭적인 지지 아래서 제가 하고 싶었던 것들을 할 수 있었어요. 그리고 그분들은 공부나 스포츠, 그리고 음악 등의 좋은 개인 과외 수업을 제가 받게 해 주셨죠. 또한, 우리는 일상 생활의 많은 부분들을 친밀한 관심과 대화를 통해서 함께 나누었어요.

그렇게 함으로써 저는 제 주변의 일들을 효과적으로 처리하는 방법들을 배웠습니다. 게다가, 제 저에게 항상, 시간을 소중한 것으로 여기라고 조언해 주셨어요. 그분들의 충고를 따르기 위해, 저는 제 인생에서 주어진 일들을 제시간에 끝내려고 노력했어요.

그 결과로, 저의 정확한 시간 엄수가 직장에서도 저의 직무를 제시간에 잘 수행할 수 있도록 해 주었습니다.

그런데, 제가 처음 부분에서 언급했듯이, 사람들은 저의 장점들 때문에 저를 좋아해요. 그래서, 저로서는 그들과 좋고 가까운 관계를 가지는 것이 매우 쉬웠어요. 하지만, 때때로 저의 좋은 사회성이 복잡하고 어려운 상황을 야기하기도 했었어요. 사람들은 저에게 아주 많은 것들을 요구

했고, 저는 그 때에 '노'라고 확실히 얘기를 못했어요. 제가 그들의 요구를 들어 주었을 때, 저는 제 자신의 업무네 집중하기가 어려웠어요. 이 상황들이 저를 매우 힘들게 했어요.

제 생각에는 이것이 제 성격의 단점인 것 같아요. 그래서 이 단점을 극복하기 위해서 요즈음은 나의 시간과 능력이 가능한 범위 내에서, 제가 처리할 수 있을 때만, 사람들의 요청들을 들어 줍니다.

이제는 사람들이 요구에 '노'라고 말하기 시작했습니다.

그 이후로부터는 예전보다 더 나아진 것을 느껴요.

시간 내 주셔서 감사해요.

예문 잘 읽어 보셨나요? 구문들 설명에 들어가 볼게요.

The pros and cons=장단점=the strong point and weak point

We have to check the pros and cons when we make a decision(우리가 결정을 하기 전에 장단점을 살펴 보아야 합니다)

I am happy to 동사: 동사하게 되어서 행복하다.

I am happy to inform the good news to you(나는 너에게 그 기쁜 소식을 알리게 되어서 기뻐)

When it comes to~에 관하여서=Regarding=In regard to

When it comes to your request 당신의 요청에 관하여서는

A affect B: A가 B에게 영향을 주다. 이때, 주의하실 사항은 '~에게'라는 뜻이라 해서, affect to로 전치사 to를 쓰시면 안 된다는 거예요. 같은 뜻

으로 다른 표현은

A has/have an effect on B=B be동사 affected by A입니다.

그리고 under라는 단어는 보통, ~아래에 라는 뜻으로 쓰이는데요. Under the desk(책상 아래)

'~하는 중인, ~의 영향력 아래에 있는' 이런 추상적인 의미로도 쓰이죠. 예문 보실까요?

The building is under construction(그 건물은 지어지고 있는 중이에요)

Everything is under his control here(여기에서는 모든 것들이 그의 통제 아래 있어요)

* share A with B: A를 B와 공유하다.

* Regard A as B: A를 B로 여기다. 간주하다.

단어 finalize는 무슨 일을 마감하거나 마무리할 때 사용할 수 있는 좋은 단어에요.

I finalized the contract(나는 그 계약을 마무리 지었어요)

She finalizes her debt payment(그녀는 빚을 다 갚았어요)

* Implement=perform 일을 하다. 수행하다.

* As I mentioned before 내가 전에 언급했듯이

As I mentioned in the meeting(내가 그 미팅에서 언급했듯이)

영어 표현에서 자주 쓰이는 구문 중에서, 주어를 앞에 사용하지 않고 It

으로 시작하는 'It ~for~to' 구문이 있는데요. 이 구문은 바로 예문을 보시는 것이 이해가 빠르실 거예요.

It is easy for me to swim(수영하는 것이 나에게는 쉬워요)
It's happy for me to play the golf(나는 골프 치는 것이 행복해요)
It was difficult for her to say sorry(미안하다고 얘기하는 것이 그녀에게는 어려워요)

그런데 영어로 얘기하다 보면 자칫, 실수하기 쉬운 구문이 있는데요.
'나는 ~하는 것이 어려워, 쉬워'라는 얘기를 표현할 때,
I am hard/difficult라고 하면 안 되고,
그럴 때에는 It is hard/difficult 혹은 I feel hard/difficult로 표현하세요.

* sociability 사회성
* A cause B to C: A가 원인이 되어서 B로 하여금 C하게 하다.
Bad weather caused me to cancel the meeting(나쁜 날씨가 나로 하여금 그 미팅을 취소하게 했다)
His rude attitude causes me to be uncomfortable(그의 무례한 태도가 나를 불편하게 한다)

* Only if 문장: 문장한 경우에만
You can pass the exam only if you get more than 70 points(당신은 70점 이상을 받을 경우에만 그 시험에 합격할 수 있어요)

▌영어 인터뷰 예시 질문 2

When you have many tasks at work, how can you handle them?(직장에서 많은 업무를 가질 때에, 당신은 어떻게 그 업무들을 처리하나요?)

▌예시 답변

Yes, this time, I'd like to answer to the question in brief.

As for me, when I have so many tasks at work, I make daily and weekly working lists to improve my work efficiency.

And I put a priority on urgent and important tasks in the working lists.

By doing so, I can focus on the important tasks. It leads me to implement the tasks completely by time-line of the tasks.

However, if I had pending tasks during I started new and important tasks, to finalize the pending tasks, I try to arrange some spare time of one or two hours every two days.

Through this arrangement, I can handle many tasks at the same time.

Actually, I am very good at keeping a balance between working time and my private quality time.

So, this strong point affects my work efficiency and healthy life style positively

네, 이번에는 그 질문에 간단하게 답변해 드리고 싶네요.

저로서는, 근무상 아주 많은 일들을 가질 때에 저의 업무 효율을 향상시키기 위해 하루와 일주일 단위로 일할 목록들을 만들어요.

그리고 그 목록들 중에서도 급하고 중요한 업무들을 우선 순위에 둡니다. 그렇게 함으로써, 저는 중요한 업무들에 집중할 수가 있습니다.

그러나, 만약에 제가 새롭고 중요한 업무를 시작한 동안에, 아직 해결하지 못한 업무가 있다면, 저는 그 미해결된 업무들을 마무리하기 위해서, 이틀에 한 번 정도 한 시간 내지 두 시간 정도의 여분의 시간들을 마련해 둡니다.

이런 시간의 마련을 통해서, 저는 많은 업무들을 동시에 잘해 나갈 수 있어요.

사실, 저는 업무시간과 저의 개인의 소중한 시간들의 균형을 유지하는 것에 아주 능숙합니다.

자, 예시 답변 설명 시작합니다.

* answer to the question 그 질문에 대한 답변

이때의 전치사 to는 '~에 대한'이라는 대상에 상응하는 표현을 하실 때 사용됩니다. 사실, to는 ~에게, ~를 향하여, ~하기 위해서 등의 다양한 의미를 표현할 때 사용돼요.

I get up early to exercise(나는 운동을 하기 위해 일찍 일어난다)

His attitude to me was kind(그의 나에 대한 태도는 친절했다)

Give it to me(그것을 나에게 줘)

* In brief 간단히 * at work 근무 중에 * work efficiency 일의 효율

* put a priority on A: A에 우선 순위를 두다.

* A leads B to 동사: A가 B로 하여금 동사 하도록 이끌다.

* Implement 수행하다=perform=carry out

* pending 미해결의, 곧 임박한

* Pending issue 미결 사항 * Pending event 곧 임박한 행사

* at the same time 동시에 * Just in time 때마침

* at a time 한번에 * In a long time 오랜만에

* Be동사 good at 명사/동명사: ~하는 데 익숙하다

* used to 동사원형: 동사 하곤 했다

I used to smoke in the past(나는 과거에 담배를 피곤 했다)

* Keep a balance 균형을 유지하다

* A affect B=A has/have an effect on B: A가 B에 영향을 주다

Parents affect their kids =Parents have an effect on their kids(부모님들은 그들의 아이들에게 영향을 준다)

▌영어 인터뷰 예시 질문 3

Why did you apply for a job at our company?(왜 우리 회사에 지원했나요?)

▌예시 답변

Yes, actually, I majored in 'Food Engineering' at University.

From my youth, I was very interested in diverse foods as well. During I studied my major at University, I took one semester off from my University to travel abroad.

That period was very precious to me as I had many chances to experi-ence various foods of other countries.

I got to know various attractive seasonings and recipes over there.

This experience made me have a discerning eye on food, which is closely related to my major 'Food Engineering'.

After returning from my trip, I enrolled in a cooking institute to get a chef certificate because I wanted to broaden my vocational territory through the certificate.

Now, I have the chef certificate and bachelor degree of food engi-neering.

Regarding this company, as I know, this company is the one of the leading companies in the food markets.

Also, I heard the welfare for employees are well arranged in this com-pany.

So, in this time, I apply for a food development department of this company. I am sure that I can contribute to this department with my educational background and special experiences related to the food development department.

Thank you for your time.

네, 사실 저는 대학에서 식품 공학을 전공 했습니다. 어린 시절부터 저는 또한, 다양한 음식들에 관심이 많았어요. 대학에서 제 전공을 공부하는 동안에, 저는 해외여행을 가려고 한 학기를 휴학했어요. 그 기간은 저에게 아주 소중했어요. 왜냐하면, 다른 나라들의 다양한 음식들을 경험해 볼 수 있는 많은 기회를 가질 수 있었으니까요.

이 경험은 저의 전공인 식품 공학과 관련된 음식에 대한 안목을 갖게 만들어 주었습니다.

여행에서 돌아온 후에, 저는 요리사 자격증을 따기 위해 요리 학원에 등록을 했어요. 왜냐하면, 저는 그 자격증을 통해 나의 직업과 관련이 되는 영역을 넓히고 싶었기 때문입니다.

이제, 저는 식품 공학 학사 학위와 함께 요리사 자격증을 가지고 있어요.

이 회사에서 관하여서는, 제가 알기로는 이 회사는 식품 시장에서 선두적인 회사들 중에 하나입니다. 또한, 이 회사에는 직원들을 위한 복지가 아주 잘 마련되어 있다고 들었습니다. 그래서, 이번에 저는 이 회사의 식품 개발 부서에 지원합니다.

이 식품 개발 부서와 관련된 저의 학력과 특별한 경험들이 이 부서에 공헌을 할 수 있을 것이라고 저는 확신합니다.

시간 내 주셔서 감사합니다.

이번 질문 내용을 본인의 상황에 맞게 하셔서, 자신만의 답변 예문을 만들어 보시면 어떨까요?

그 전에 예시 답변내용 설명을 해 드릴게요.

* major in ~를 전공하다

* diverse=various=a variety of 다양한

* take 기간 off from A: A에서 기간 동안 쉬다. 휴가 내다. 휴학하다

* intermission 중간 휴식기간, 휴학

* a discerning eye 안목 * viewpoint 관점. 시각

* In my viewpoint 내 관점으로는

* after 문장(시제 고려)/ 명사구문

After I finished my dinner=After finishing my dinner(내 식사 후에)

* enroll in ~에 등록 하다.

I enrolled in a swimming class(나는 수영 교실에 등록 했다)

Broaden my vocational territory(나의 직업과 관련된 영역을 넓히다)

여기서 territory 는 눈에 보이는 영토나 영역일 수도 있고, 눈에 보이지 않는 어떤 분야의 영역이 될 수도 있어요.

* bachelor degree 학사 학위 * master degree 석사 학위

* PhD degree=doctoral degree 박사 학위

그리고 어떤 이야기나 소식을 들었다고 표현하고 싶으실 때는
'I heard that 소식을 말해 주는 문장' 구문을 쓰셔요.

I heard that she was pregnant(나는 그녀가 임신했다고 들었어)

* apply for ~에 지원하다. * applicant 지원자

* food development department 식품 개발 부서

Department는 세분화된 단위를 의미하는 단어입니다.

Department stores(여러 세분화된 가게들이 있는) 백화점
Sales department 판매 부서

이렇게 해서, 영어 인터뷰에서 받을 수 있는 대표적 질문에 대한 영문 답변과 설명을 해 드렸는데요.
예시된 답변들과 설명 참고하시면서, 본인의 상황에 맞는 영문 답변을 스스로 작성하시고 외워 보시면 참, 도움이 되실 거라고 믿네요.

상황별 이메일 글쓰기

이번 강의에서는 요즘 자주 사용하시는 '이메일 쓰기'를 몇 가지 필수적인 상황 별로 예시해 볼게요.

▋ 이메일 쓰기 예시 1

Dear Mr. Kim……

It was my pleasure to have a chance to see you in the last fashion show.

I am writing this email regarding your request in the show.

As you wanted, I am sending the useful information to you.

Please check the attached file in this email

If you need any further explanation on the information, please don't be hesitant to contact with me anytime you want.

Thank you.

Best wishes,

Jenifer Lee

Senior designer

Black Rose Ltd.

친애하는 미스터 김,

지난번 패션쇼에서 뵙게 되어서 즐거웠습니다.

저는 그 쇼에서의 당신의 요청에 관하여 이 메일을 쓰고 있습니다.

당신이 원하셨던 대로, 제가 지금 유용한 정보를 당신에게 보냅니다.

이 이메일에 첨부된 파일을 확인하세요.

만약, 그 정보들에 관해 더 자세한 설명이 필요하시면, 당신이 원하시는 때에 언제든지 주저하지 마시고 저에게 연락주세요.

감사합니다.

행복을 기원하며,

블랙 로즈 회사의 수석 디자이너

제니퍼 리

▌예문 설명

* It's my pleasure to 동사: 동사하는 것이 저의 기쁨입니다.

* I'm writing this email regarding A: 저는 A에 관하여 이 이메일을 씁니다. 이 메일 쓰실 때 처음 시작 부분에, 이렇게 지금 이 이메일을 쓰시는 목적을 명시한 후 글을 쓰시면 좋아요.

I'm writing this email to inform you of the schedules(저는 당신에게 그 일정들을 알려 주기 위해 이 이메일을 씁니다)

* As you wanted(당신이 원하셨던 대로)

* As you requested(당신이 요청하셨던 대로)

* As you mentioned before(당신이 전에 언급했던 대로)

* Attached file(첨부된 파일)

* Further explanation(더 상세하고 깊은 설명)

여기서 further는 추상적으로 뭔가 더 깊이 있는 내용들을 언급할 때 씁니다.

* further discussion 더 깊이 있는 토론

* Be동사 hesitant to 동사: 동사하는 것을 주저하다

마지막으로, 이 메일을 끝낼 때에 상투적으로 쓰는 표현들을 알려 드릴게요.

Best wishes, Best regards, Kind wishes, Kind regards,
Warm wishes, warm regards, sincerely……

▋ 이메일 쓰기 예시 2

Hello, Mr. Choi,

We are very pleased to invite you to the launching event for our new released cosmetics on Friday, May 2, from 10a.m to 1p.m

And the event will be followed by a fabulous luncheon.

We eagerly hope to share the precious moment with you.

Thank you.

Kind regards,

Mr. Mark conner

Senior manager of sales department

G.S. cosmetics

안녕하세요? 미스터 최 선생님.

우리는 5월 2일 금요일 오전 10시부터 오후 1시까지 진행되는, 저희의 새로 출시되는 화장품 행사에 당신을 초대하게 되어 매우 기쁩니다.

행사 후에는 멋진 오찬이 준비될 겁니다.

우리는 당신과 이 소중한 순간을 함께 나누게 되기를 간절히 바랍니다.

감사합니다.

G.S. cosmetics

판매 부서 책임 관리자

미스터 마크 코너

▎예문 설명

* I am/we are pleased to 동사: 동사 하게 되어서 나는/우리는 기뻐요.

* invite A to B: A를 B에 초대하다

다음으로, 모임이나 행사 초대를 할 때 그 일정을 한 문장에 쓸 수 있는 좋은 표현입니다.

* On 요일, 날짜, at 시간/from 시간 to 시간

On Saturday, December 3, at 4p.m(12월 3일 토요일 오후 4시에)

On Monday, July 4, from 10a.m to 5p.m(7월 4일 월요일 오전 10시에서 오후 4시까지)

좀 더 설명을 드리자면, 처음 전치사 on은 한 번만 쓰신 후에 그 다음 날짜 앞에는 on을 쓰지 않으셔도 됩니다.

참고로 날짜표현은 세 가지가 있어요.

On the 3rd of December=On December 3=On Dec. 3(12월 3일에)

다음으로 일의 순서를 나타내는 좋은 표현 알려 드릴게요.

A be동사 followed by B: A 다음에 B가 오다, 진행되다.

이 표현은 There will be B after A로 사용하셔도 되셔요.

This seminar will be followed by dinner time=There will be dinner time after this seminar(이 세미나 후에 저녁식사 시간이 있을 겁니다)

* eagerly 간절히

* share A with B: A를 B와 나누다. 공유하다.

I share the room with my younger sister(나는 그 방을 내 여동생과 같이 씁니다)

This time, I'd like to share my story with you all(이번에는, 저의 이야기를 당신들 모두와 나누고 싶습니다)

Hello, Julie,

How are you?

I hope that everything is okay with you.

By the way, I want to see you to discuss our trip in detail.

When is your convenient date and time?

As for me, I am available this Wednesday or Thursday from 7p.m to 9p.m

Or, if you want me to see me during lunch time, I can arrange our meeting time on Friday around 10p.m

So, please let me know your available date and time for our meeting.

Then, I'll look forward to hearing from you soon.

It's getting cold.

Please, take good care of yourself.

Loves,

Your John

안녕, 줄리

어떻게 지내니? 너의 모든 일들이 잘 되어 가고 있기를 바래.

그런데, 우리의 여행에 대해 자세하게 상의하려고 너를 만나고 싶어.

너의 편한 날짜와 시간이 언제니?

나로서는 이번 주 수요일과 목요일 저녁 7시에서 9시가 가능해.

또는, 만약 네가 나를 점심시간 동안에 만나고 싶으면, 나는 금요일 오후 1시경에 우리의 미팅 시간을 마련할 수 있어.

그러니, 우리의 미팅을 위한 너의 가능한 날짜와 시간을 나에게 알려줘.

그러면, 너로부터의 회신을 기대할게.

날씨가 추워지네. 몸조리 잘해.

사랑을 보내며, 너의 죤

▌예문 설명

* I hope everything is okay with you = I hope everything is going well(당신의 모든 일들이 잘되고 있기를 바라요)

간단히 안부 인사할 때, 자주 쓰이는 문구이니, 외워 두시면 좋을 것 같네요.

* In detail= at length 자세하게

그리고 available 뜻은 원래, '이용 가능한'이라는 뜻의 형용사인데요.

그래서 약속을 잡을 때에, '나는 언제 시간이 된다'라고 얘기할 때는

I am available이라는 표현을 씁니다.

I am available tonight(나는 오늘 밤에 시간 돼)

* arrange=set up=spare 마련하다.

* look forward to 명사/동명사: ~를 기대하다.

I look forward to seeing you soon(나는 당신을 곧 보기를 기대해요)

My daughter looks forwards to X-mas(내 딸은 크리스마스를 기대해요)

We look forward to hearing from you as soon as possible(우리는 가능한 빨리 당신에게서 회신이 오기를 기대해요)

▌이메일 글쓰기 예시 4

Hello, Dr. Choi,

I'm writing this email in regard to our next meeting.

As I mentioned before, we need to talk through our upcoming presentation of current study's results.

By the way,

Originally, we arranged our meeting schedule on the next Friday

But, could we move up our meeting to next Wednesday? I think we have to review all documentations before next Thursday.

Also, would you be able to send the report of Q. R. Lab. to me before our Wednesday meeting if you could get the report from Q. R. Lab this week?

Or, it would be very thankful if you could bring the report when you come to next Wednesday meeting.

Otherwise, I think that our presentation date might be postponed to December 15.

I am sorry if I caused any inconvenience to you for this.

Please, consider this situation.

Then, I will look forward to seeing you soon.

Thank you.

Dr. Park Jin Hee

Senior researcher of Seoul University

안녕하세요? 최 박사님

저는 우리의 다음번 미팅을 위해 이 이메일을 씁니다.

제가 지난번에 얘기 드렸듯이, 다가오는 현재 우리의 연구 결과 발표회를 위해서 우리가 자세히 상의를 해야 할 필요가 있어요.

그런데, 원래는 우리가 다음 주 금요일에 만나기로 했는데요.

그렇지만, 우리의 미팅을 다음 주 수요일로 앞당길 수 있나요?

제 생각으로는 우리가 다음 주 목요일 전까지 모든 서류들을 점검해야만 할 것 같습니다.

또한, 만약에 당신이 Q.R 실험실로부터 보고서를 이번 주에 받아 보실 수 있다면, 우리의 수요일 미팅 전에 Q.R. 실험실의 보고서를 저에게 보내 주실 수 있으신가요?

또는, 다음 주 수요일 미팅에 그 보고서를 가지고 오신다면, 정말 감사하겠습니다.

그렇지 않으면, 제 생각에는 우리의 발표회 날은 12월 15일로 미뤄질 수도 있겠습니다.

이것 때문에 제가 당신께 어떤 불편함을 끼쳤다면 미안합니다.

그럼, 당신을 곧 만나기를 기대할게요.

감사합니다.

서울 대학교 상임 연구원

박진희 박사

▌예문 설명

* In regard to=regarding ~에 관하여

* As I mentioned before 제가 지난번에 언급한 대로

* As I mentioned last Friday 제가 지난 금요일에 언급한 대로

* As he mentioned in our meeting 그가 우리의 미팅에서 언급한 대로

* Talk through =discuss in detail 자세히 얘기하다. 토론하다

* move up 앞당기다

Could I move up the seminar two days earlier?(제가 그 세미나를 이틀 앞당겨도 될까요?)

Is that okay if I move up our meeting to May 3?(제가 우리의 미팅을 5월 3일로 앞당겨도 괜찮으시겠습니까?)

다음으로, 상대방에게 정중히 부탁할 때 쓰이는 표현이에요.

Would you be able to 동사: 동사하실 수 있으시겠어요?

Would you be able to attend our conference?(당신은 우리의 회의에 참석하실 수 있으시겠어요?)

* It would be very thankful if 주어 과거 동사: 만약 주어가 동사해 주신다면 정말로 감사하겠습니다.

It would be very thankful if you attended/could attend our confer-ence(만일 당신이 우리의 회의에 참석해 주신다면, 정말로 감사드리겠습니다)

여기에서는 would를 사용하여, 미래의 어떤 일에 감사드리겠다는 표현을 하게 됩니다.
참, 대화나 문장에서 상대방에게 정중히 사과하시고 싶으실 때, 아래와 같은 문장을 쓰시면 참 좋아요.

I'm really sorry if I caused any inconvenience to you for the matter yesterday(어제, 제가 그 문제 때문에 당신에게 어떤 불편함을 끼쳤다면 정말 미안해요)

구문을 분석해 보면 아래와 같아요.
I'm really sorry if 주어 caused any inconvenience to 상대방 for 문제 사항+장소나 시간
이 구문으로 몇 가지 예문들을 만들어 볼게요.

I'm really sorry if my son caused any inconvenience to your daughter for the mistake at your place this morning(오늘 아침에 제 아들이 당신의 집에서 당신의 딸에게 어떤 불편함을 끼쳤다면, 정말로 미안해요)
I'm so sorry if my staff caused any inconvenience to your company for the wrong invoice last week(지난 주에 저희 직원이 그 잘못된 송장으

로 인해서 당신의 회사에 어떤 불편함을 끼쳤다면, 매우 미안합니다)
마지막으로, 이메일 끝에 자주 사용되는 문구입니다.

* Look forward to 명사/동명사: ~를 기대하다. 즐거운 마음으로 기다리다.

I look forward to seeing you soon(나는 당신을 곧 보게 되길 기대해요)
I look forward to my birthday party(나는 나의 생일 파티를 즐거운 마음으로 기다려요)

█ 이메일 글쓰기 예시 5

Dear Teacher,

This is Lauren Lee.

I'm sending this email to you regarding the essay of this semester.

As you know, the due date for the essay is on June 3.

Unfortunately,

I sprained my ankle when I went down the stairs last Friday.

My doctor told me that I had to take a rest with intensive treatments for about two weeks.

So, if I submit my medical certificate from my doctor to you, is it possible for you to give me an extension for my essay's due date?

I hope that you consider my situation.

Then, I will look forward to hearing from you soon.

Thank you.

Best wishes,

Lauren Lee

친애하는 선생님,

저는 '로렌 리'인데요, 이번 학기의 에세이에 관련해서 당신께 이 이메일을 씁니다.

제가 알기로는, 에세이 마감일이 6월 3일인데요.

유감스럽게도, 지난 금요일에 제가 계단을 내려갈 때, 제 발목을 삐었어요.

저의 의사 선생님께서,

집중 치료를 위해 제가 약 2주간 쉬어야 한다고 하셨어요.

그러면, 만약에 제가 제 의사 선생님의 진단서를 당신에게 제출하면, 제 에세이 마감일을 연장해 주시는 것이 가능하세요?

저는 당신이 저의 상황을 고려해 주시기를 바랍니다.

그럼, 곧 회신 주실 것을 기대할게요.

감사해요.

행운을 기원하며,

로렌 리

▌예문 설명

* I am sending A to 동사: 나는 동사하기 위해 A를 보냅니다

* I am writing A to 동사: 나는 동사하기 위해 A를 씁니다

* due date for A: A에 대한 마감일

* due ~하기로 예정되어 있는

* sprain ~를 삐다

I sprained my ankle/wrist(나는 내 발목/팔목을 삐었어요)

* medical certificate 의사의 진단서

다음으로, 상대방에게 ~하는 것이 가능하시겠냐고 물어 보실 때 영어 구문은 아래와 같아요.

Is it possible for 상대방 to 동사?

Is it possible for you to call me tonight?(당신은 오늘 밤에 나에게 전화하시는 것이 가능해요?)

Is it possible for her to go there alone?(그녀가 거기에 홀로 가는 것이 가능해요?)

* extension 연장, 확장, 넓힘, 건물내의 전화 내선

The extension of the bus 23(23번 버스의 노선 연장)

The extension of essay's due date(에세이 마감일 연장)

Extension 502(내선전화번호 502)

Living room extension(거실 확장)

제16강

영문 추천서 작성

제15강에서는 이메일 글쓰기 실제 예시문들을 공부해 보셨는데요.
이번 16강에서는 영문으로 동료나 직원들을 위한 추천서를 쓰는 경우
를 예시로 해 볼게요.

▌영문 추천서 예시 1

To whom it may concern……

Hello,

I'm Meena Kim working at LG Electronics Inc. as a chief research en-
gineer.

Dr. Park has been working with LG electronics since 2018 and devel-
oped metrology in 2019.

At the moment,

He is leading D project study.

During I have been working with Dr. Park for 2019 and 2020 projects,

I got so many supports and help from Dr. Park.

So, I am very pleased to have a chance to write this recommendation letter for him.

I realized that he has a remarkable capability for algorithm development and data analysis while we were working on metrologies for Electronics Inc.

Also, in terms of a measurement data analysis, he has a great insight to find and solve errors.

And he always gave a kind explanation to us when we asked about diverse questions such as difficult metrology principles, algorithm, simple issues, and even repeated same questions.

His generosity and big efforts made our levels improve.

So, it's no wonder that we were deeply moved by him.

Especially,

He showed great abilities solving the problems of our H.W. System under current remote communication situation resulted from covid-19.

We really appreciate his contribution to enhancing our research abilities.

I'm so glad to recommend Dr. Park as a candidate of this year's award.

Thank you.

Kind regards,

Dr. Meena Kim

Chief Research Engineer, Optics Platform

Optics Research Institute LG Electronics Inc.

이 추천서에 관계자 되신 분께……

안녕하세요?

저는 LG 전자에서 책임으로 일하고 있는 김미나입니다.

박 박사님은 2018년 이래로 LG전자와 일해 오고 계시면, 2019년에는 측량학을 개발하셨습니다.

현재는 D 프로젝트 연구를 주도하고 계십니다.

2019년과 2020년 프로젝트를 위해 박 박사님과 함께 일하는 동안, 저는 박 박사님으로부터 아주 많은 지원과 도움을 받았습니다.

그래서, 저는 그분을 위해 이 추천서를 써 드릴 수 있는 기회를 갖게 되어 매우 기쁩니다.

우리가 LG전자의 측량학에 대해 일했을 때, 저는 그가 알고리즘 개발과 데이터 분석에 놀라운 능력을 가지고 있다는 것을 깨달았어요.

또한, 그는 측정 데이터 분석 부분에 있는 오류를 찾아내어 해결하는 대단한 통찰력을 가지고 있습니다.

그리고 우리가 어려운 측정 원리나 알고리즘, 쉬운 일들, 심지어는 반복되는 같은 질문을 해도 그는 언제나 우리에게 친절한 설명을 해 주었습니다.

그의 관대함과 큰 노력들이 우리의 수준을 향상시켜 주었습니다.

그래서 우리는 당연히 그의 의해 깊이 감동했어요.

특히, covid-19으로 인한 현재의 원격 소통 상황에서도, 그는 우리 H.W 시스템의 문제를 해결해 주는 능력을 보여 주었습니다.

우리는 우리의 연구 능력을 향상시켜 준 그의 공헌에 정말로 감사드립니다.

그리고 저는 정말로 기쁜 마음으로 박 박사님을 이번 해의 수상자 후보로 추천합니다.

친절한 안부를 전하며,

LG 전자 광학 렌즈 연구소 책임

김 미나 박사

▌예문 설명

* has/have been 동사 ing: 계속 동사해 오고 있다.

I have been thinking of her since I met her at the party(나는 그 파티에서 그녀를 본 이 후로 그녀 생각을 계속 해 오고 있어요)

* I am very pleased to 동사: 동사하게 되어서 기뻐요.

* Have a chance to 동사: 동사할 기회를 가지다.

It was good to have a chance to see you at the party last night(지난 밤, 그 파티에서 당신을 볼 기회를 갖게 되어서 좋았어요)

* realize 깨닫다. * I'm aware of 명사구/that 문장: 나는~을 안다.

* In terms of ~의 견지에서, ~의 면에서 * opinion 의견, 생각

* Insight 통찰력 * view 광경, 견해, 생각 * viewpoint 관점, 시각, 방향

In my viewpoint(내 관점으로는)

In the first person view(1인칭 시점으로)

* diverse=various 다양한=a variety of

* diversity=variety 다양성

* make A 동사: A를 동사하게 만들다.

My mother made me study hard(나의 엄마는 내가 공부를 열심히 하게 만들었다)

* Under A: A 아래서, A 중인

이때, A는 어떤 사간이나 기관, 또는 상황이 될 수도 있답니다.

Under Park government 박 정부 아래에서

Under this situation 이 상황 아래에서

This hotel is under construction 이 호텔은 공사 중입니다.

* contribution to ~에 대한 공헌

영문 추천서 예시 2

To whom it may concern……

Hello,

I'm Jin Won Kim working as a head manager at STC Inc.

It is my big pleasure to recommend Ms Jung hee lee as a senior staff of A department for the next year.

During she worked at B department as a team leader for 3 years, she implemented many tremendous achievement skills and professional business knowledge.

Regarding a team building,

In 2020, Ms Lee developed planning experts and talent pool successfully.

Also, she showed her outstanding capability in budget strategies analysis and financial initiative for this year.

In addition, she contributed to the B department by suggesting an ideal coordination system between team members.

In conclusion,

Great achievements and contributions she has done in B department over the past 3 years tell us that she absolutely deserves the senior staff position of A department in 2021.

I hope your considerate decision.

I appreciate your time.

Best wishes,

Mr. Jin Won Kim

Head Manager of STC Inc.

이 추천서의 관계자 되신 분께……

안녕하세요?

저는 STC 회사에서 총 책임으로 일하고 있는 김진원입니다.

미스 이정희님을 다음 해 A 부서의 선임으로 추천하게 되어서 참 기쁩니다.

그녀는 B 부서의 팀장으로서 3년간 일해 오면서, 훌륭한 업무 수행 기술과 전문적인 업무 지식을 가지고서 놀라운 성과들을 수행했습니다.

팀 구축에 관하여서는,

그녀는 2020년에 전문 인력들과 우수한 인재들을 배치하는 계획들을 성공적으로 개발해 냈습니다.

또한, 이번 해의 예산 전략들 분석과 재정 계획을 하는 데에 있어서 그녀의 뛰어난 수행 능력을 보여 주었습니다.

게다가, 그녀는 팀원들 간의 이상적인 조직 시스템을 제시 함으로서 B부서에 상당한 공헌을 했습니다.

결론적으로, 지난 3년간 그녀가 달성했던 훌륭한 성과들과 공헌들은 그녀가 절대적으로 2021년 A부서의 선임이 되기에 충분하다는 것을 우리에게 시사해 줍니다.

저는 당신의 사려 깊은 결정을 바랍니다.

시간 내 주셔서 감사합니다.

최고의 기원을 보내며,

STS 회사 총 책임

미스터 김 진원

자! 글 설명 들어가 볼게요.

저는 ~에서 ~로서 일하고 있는 ~입니다. 이런 표현은 간단히 한 문장으로 'I'm 이름 working at 회사 이름 as 직책' 이렇게 사용하시면 되어요.

I'm Jina Kim working at STC company as a senior manager of the marketing department(저는 STC 회사에서 마케팅 부서의 총 책임으로서 일하고 있는 김지나입니다)

각자 본인의 이름과 직책, 그리고 다니시는 직장을 넣어서 연습해 보시면 어떨까요?

학생인 경우에는 'I'm 이름 studying 전공 과정 at 학교 이름'으로 해서 사용하시면 됩니다.

I'm Min Hee Park studying piano performance at Monash University(저는 모나시 대학에서 피아노 연주를 전공으로 공부하고 있는 박민희입니다)

* It's my/our pleasure to 동사: 동사하는 것이 나의/우리의 큰 기쁨입니다.

* Implement=perform 수행하다. * expertise 전문 지식

* pool 인력, 같은 업무 팀, 생산자 연합, 기업, 웅덩이, 연못

* consider 고려하다 * considerate 사려 깊은

* considerable 상당한 * considerably 상당히

* A deserve B: A는 B를 받을 만한 자격이 된다

You deserve the award(당신은 그 상을 받을 자격이 돼요)

* A deserve to 동사: A는 동사할 만하다

He deserves to be encouraged(그는 응원받을 만하다)

They deserve to be praised(그들은 칭송받을 만하다)

마지막으로, 감사하다는 뜻의 동사 appreciate 다음에는 전치사 to, about 은 사용하시면 안 된다고 얘기드려요.

대화 때에 흔히 하시는 실수이라서요, 예문 보여 드릴게요.

I appreciate your interest in my inquiry(저의 문의에 대한 당신의 관심에 감사드립니다)

We deeply appreciate you(우리는 당신에게 깊이 감사드립니다)

영문 프리젠테이션 글쓰기

어느덧 마지막 강의에 도착했네요. 이번 강의에서는 영문 프리젠테이션들을 예시해 드릴 건데요.

보통, 프리젠테이션의 유형은 자사의 소개 및 신제품, 회사 제품을 소비자와 타사 고객에게 알리며 홍보하는, 광범위한 형태가 있고요.

또는 직장 내에서 분기 내 실적이나 이벤트, 새 상품, 조직 개편, 부서의 성과들을 회사 내에서 자체적으로 보고 형식으로 간략하게 발표하는 형태가 있어요.

프리젠테이션 영문 글을 작성하실 때는 몇 가지 유의 사항이 있는데요. 제삼자인 듣는 사람이 명확히 이해 할 수 있는, 명료하고 정확한 단어와 표현을 쓰셔야 하고요. 논점과 주제에 집중하셔서 군더더기가 없는 깔끔한 문서를 작성하셔야 한다는 겁니다.

그리고, 본인의 주관적인 표현보다는 객관적인 표현과 평가를 지향하는 내용으로 쓰셔야 합니다.

마지막으로, 문장 중간 중간에 이해를 돕기 위한 필요한 사항들과 단어들을 생략하지 마시고, 꼭 적으시면서 문서를 작성하셔야만, 듣는 이들이 쓸데없는 상상이나 오해를 하지 않거든요.

제 영어 학생분들 수업을 해 보면, 많은 학생분들이 문장 사이에 꼭 필요한 문구나 단어들을 생략하시고, 그 부분을 자신의 머릿속에서만 정리하신 후에, 그 다음 문장만 프리젠테이션 문장에 적으시는 경우가 많았어요. 그렇게 하시면, 듣는 이가 이해하기 위해 필요한 사항들이 프리젠테이션 중간에서 생략되기 때문에, 그 프리젠테이션 내용을 본인만 정확히 이해할 수 있는 '불완전한 발표 문서'가 됩니다.

자, 그럼 프리젠테이션 예문 살펴 보실까요?

▌프리젠테이션 예문 1

Hello, Thank you for giving me a good chance to provide useful information to you all.

I'm Soo Min Kim working at ConnectAll as an assistant manager of a customer care deparment.

As you know, our company ConnectAll started our first business in Korea in 2005. Over the past 15 years, we helped our clients to purchase products through a stable management environment, industry-leading infrastructure, and continuous investment.

We have confidence that ConnectAll can keep offering cost reduction and the best service with our diverse experiences for your business.

We deal with services related to the supply of various ranges of subsidiary materials to be needed for business activities.

Through our specialized groups composed of sales, purchasing, our customers can optimize purchasing processes and concentrate on their major tasks because we perform cost reduction based on the management of customers' integrated DB by deleting duplicate DB and setting up a standardized DB.

Also, our unique service named RTI enables real-time visibility of purchasing and efficient management of diverse purchasing-related indicators.

And we are able to connect our customers to systems customized to their needs as we have many domestic and international networks with industry-leading companies.

Hopefully, ConnectAll keeps helping our customers to do their business successfully as a good supporter.

Thank you.

안녕하세요?

여러분 모두에게 유용한 정보들을 제공할 수 있는 기회를 주셔서 감사합니다.

저는 ConnetAll 고객 관리 부서의 부 매니저로서 일하고 있는 김수민입니다.

여러분도 아시듯이, 저희 회사 ConnetAll은 2005년에 한국에서의 첫 사업을 시작했습니다.

지난 15년의 세월에 걸쳐서, 우리는 안정적인 경영 환경, 업게 최고의 기반 시설, 그리고 지속적인 투자를 통하여, 저희의 고객들이 상품을 구매할 수 있도록 도왔습니다.

ConnetAll은 다양한 경험을 가지고 귀하의 비즈니스를 위해 비용 절감과 최고의 서비스를 제공해 드릴 수 있다는 것을 확신합니다.

우리는 기업 활동에 필요한 부자재와 소모성 자재와 관련된 서비스들을 제공하고 있습니다.

영업, 구매 그리고 운영 팀으로 이루어진 우리의 차별화된 그룹들을 통해서, 고객들은 구매과정절차를 최적화시킬 수 있으며, 그들의 주력 업무에 집중할 수 있습니다.

왜냐하면, 우리는 중복된 데이터 베이스를 없애고 표준화된 데이터 베이스를 설치하며, 고객사의 통합 데이터 베이스 관리를 기반으로 하여, 원가 절감을 실행합니다.

또한, 우리의 RTI로 명명되는 독특한 서비스는 실시간으로 구매 업무를 볼 수 있게 해 주며, 여러 구매 관련 지표들을 효율적으로 관리할 수 있게 해 드립니다.

게다가, 우리는 국내외의 많은 선두 기업들과 네트워크를 가지고 있기 때문에 저희의 고객들의 필요에 맞게 주문 제작된 시스템들과 연결을 해 드릴 수 있습니다.

바라기는, ConnetAll이 좋은 조력자로서 저희의 고객사들이 그들의 사업을 성공적으로 이끄시는 데 계속 도움을 드리고 싶습니다.

감사합니다.

앞의 예시문 설명을 해 드리자면, 앞에서도 얘기드렸듯이 간단히, 어느 부서에서 어떤 직책으로 일하고 있다는 자기 소개는요.

'I'm 이름 working at 회사 이름 as 본인의 직책' 이렇게 한 문장으로 표현하시면 됩니다.

이 표현을 익혀두시면, 언제든지 자기 소개를 간략하게 한 문장으로하실 수 있어요.

I'm Jin Soo Park working at LG electronics as a senior researcher of optical department(저는 LG 전자의 광학 부서의 상임 연구원으로 일하고 있는 박진수입니다)

* Over the past 15 years: 지난 15년에 걸쳐서
* for 15 years: 15년 동안

* Industry-leading A: 업계 최고의 A

Industry-leading product 업계 최고의 제품

* have confidence 자신감을 갖다. 확신하다=feel confident

I have confidence in my study=I feel confident in my study

(나는 나의 연구/공부에 자신감이 있어요)

* deal with =handle 다루다. 취급하다.

I know how to deal with him(나는 그를 어떻게 다루는지 알아)

Our company deals with three services(우리 회사는 세 가지 서비스들을 다룹니다/제공합니다)

* A related to B: B와 관련된 A

Products related to beauty(아름다움과 관련된 제품들)

Policy related to this issue(이 문제/사항과 관련된 정책)

* A to be 과거 분사: 과거 분사가 되는 A

Plans to be changed 바뀐 계획

Goods to be needed 필요로 되는 물건들

이때, to be 과거분사로 쓰지 않고 Goods to need 로 사용하시면 틀린 문장이 되니 주의하세요.

* In addition=on top of that 게다가
* enable A(명사/동명사): A를 가능하게 하다.

This equipment enables hard gestures of Pilates(이 기구는 필라테스의 어려운 동작을 가능하게 합니다)

* customize 주문 제작하다.

Customized furniture 주문 제작된 가구

▌영문 프리젠테이션 예시 2

Hello, everyone.

As we know, we performed our new cosmetics 'Nature' launching with valued customers on May 3 at four season hotel.

Through the launching event, we made it possible to deliver 'Nature's tremendous effect on the skin to all attendees.

Also, during the event, Dr. Jiwon, who is a senior researcher of Nature cosmetics institute, explained Nature's contents, safety, and outstanding anti-aging function at length.

After that,

We got positive feedbacks from the attendees in our event.

Apart from the good function of Nature, Nature's crystal container also appealed to them enough.

At the end of the launching event, 7 partners wanted to make a contract with us for the sales of Nature.

On top of that,

Two journalists of the attendees promised to write articles about Nature positively.

We all deserve these excellent performance results.

I deeply appreciate dedicating supporting you showed during this quarter.

Thank you again.

여러분, 안녕하세요?

우리가 알고 있듯이. 우리는 5월 3일 Four Season 호텔에서 소중한 고객들과 파트너사들과 함께 우리의 세 화장품 'Nature' 출시를 했습니다. 그 론칭 행사를 통해서, 우리는 Nature가 피부에 놀라운 효과가 있다는 것을 모든 참석자들에게 전달할 수 있었습니다.

또한, 그 행사 동안에 Nature 화장품 연구소의 상임 연구원이신 '지원 박사님'께서, Nature의 내용 성분, 안전성, 그리고 뛰어난 노화 방지 기능에 대해 자세하게 설명해 주셨습니다.

그 후로, 우리는 우리의 행사의 참석자들로부터 긍정적인 피드백들을 받았습니다. Nature의 좋은 기능 이외에도, Nature의 크리스털 용기 또한 그들에게 충분히 매력을 어필했습니다.

론칭 행사의 끝에, 일곱 개의 파트너사들이 Nature 판매를 위해 우리와 계약을 맺기를 원했습니다.

또한, 참석자들 중의 두 명의 기자 분들이 Nature애 관한 기사들을 긍정적으로 써 주실 것을 약속했어요.

우리 모두는 이러한 뛰어난 성과의 결과들을 받을 자격이 있어요.

저는, 이번 분기 동안에 여러분들이 보여 주신 헌신적인 지원에 가슴 깊이 감사드립니다.

다시 한번 감사합니다.

이제, 어느덧 마지막 예시 글 설명시간이 되었네요.

* 주어 make it possible to 동사: 주어가 동사할 수 있게 되다

I made it possible to have the position(나는 그 직책을 가질 수 있게 되었다)

* A have an effect on B=A affect B: A가 B에게 영향을 주다

* effect on A: A에 대한 효과, 영향

Effect는 '효과, 영향'이라는 명사이고 affect는 '~에게 영향을 주다'라는 동사이니, 혼동하지 마시고 사용하세요.

* attendee 참석자

동사 끝에 ee를 붙이면, '~하는 사람'으로 해석되어 사용 할 수 있어요. 예를 몇 가지 들어 볼게요.

* employee 고용자 * employer 고용주 사장

* interviewee 인터뷰 지원자 * interviewer 인터뷰 면접관

Explain '설명하다'라는 뜻의 동사 다음에는 전치사 about 없이 바로 설명 사항을 쓰세요. 왠지, about을 써야 할 것 같지만, 쓰시면 안 되고요. 이와 비슷하게, discuss '의논하다' 단어도 마찬가지로 다음에 전치사 about없이 사용하셔야 합니다.

Can you explain it?(너는 그것을 설명할 수 있니?)

We have to discuss the matter(우리는 그 문제를 의논해야 해요)

* at length=in detail 자세하게

* Apart from X: X이외에도

* appeal to A: A에게 호소하다/A에게 매력을 불러일으키다.

This design appeals to young women(이 디자인은 젊은 여성들에게 매력을 불러일으킵니다/어필됩니다)

* On top of that=In addition 게다가

* deserve A: A를 받을 가치가 있다

* deserve to 동사: 동사할 가치가 있다

You deserve this promotion(당신은 이번 승진을 할 자격이 있어요)

This bag deserves to buy with the expensive price(이 가방은 그 비싼 가격으로 살 가치가 있어요)

마지막으로, dedicating 단어는 '헌신하는'이라는 뜻의 형용사인데요.

이와 비슷한 단어로는 devoted가 있어요.

참고로, 우리가 흔히 얘기하는 효녀, 효자라는 영어 표현은요.

아래와 같습니다.

* Devoted daughter 효녀 * devoted son 효자

여러분~ 이렇게 해서, 총 17강에 걸치는 책을 이제 끝마치게 되었네요.

그동안, 책 읽고 공부하시느라 참 수고 많으셨어요.

아시듯이, 이 책은 독자들에게 읽는 도중에 별도의 연습이나 문제 답변 같은 것들을 요구하지 않는 책이면서요.

여러분께서 직면하시는 '모든 상황'에서 영어를 '다양한 표현'으로 마음껏 구사할 수 있도록, 여러분 바로 곁에서 제가 설명하며 얘기하듯이 써 내려간 책입니다.

여러분이 시간 나실 때면 언제든지, 차나 지하철로 이동하시는 중에나, 누군가를 약속 전에 기다리실 때나 그 외에 책을 읽고 싶으실 때, 이 책을 처음부터 끝까지 '여러 번', '부담 없이', '계속' 읽어 보시라고 저는 권

해 드리고 싶어요.

그러면, 어느 순간에 자신의 영어 감각과 실력이, 아주 많이 좋아지고 있다는 것을 본인 스스로 행복하게 느끼실 수 있을 거예요. 자 그럼, 이제 우리 다같이 한번 '크게' 외쳐 볼까요?

'영어는 편하고 쉽다! 결국에는!!'

All-In-One
English Gift Box

ⓒ Stella Aisook Back, 2021

초판 1쇄 발행 2021년 3월 28일

지은이   Stella Aisook Back
펴낸이   이기봉
편집   좋은땅 편집팀
펴낸곳   도서출판 좋은땅
주소   서울 마포구 성지길 25 보광빌딩 2층
전화   02)374-8616~7
팩스   02)374-8614
이메일   gworldbook@naver.com
홈페이지   www.g-world.co.kr

ISBN   979-11-6649-463-5 (03740)